QUESTO LIBRO APPARTIENE A

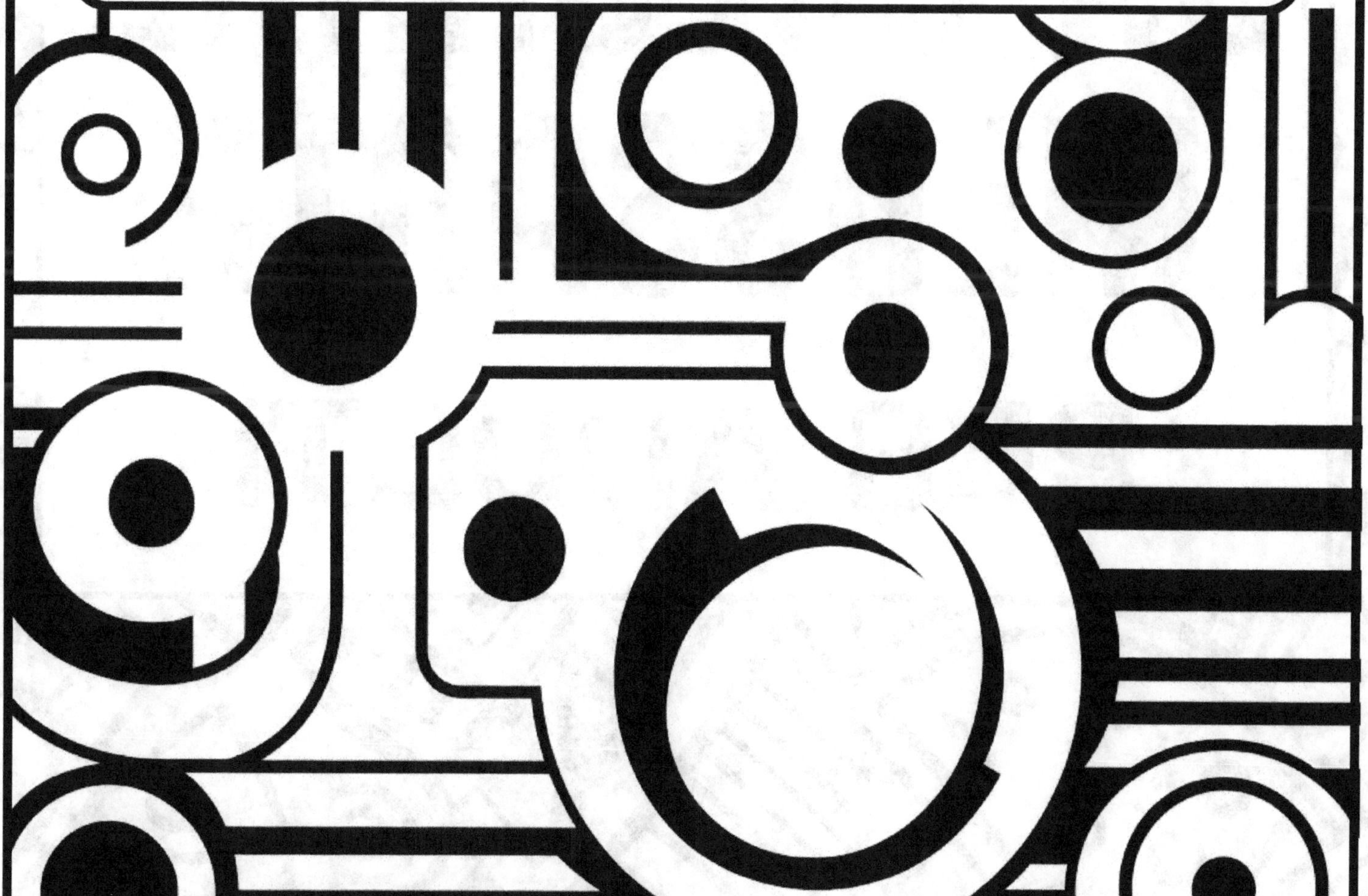

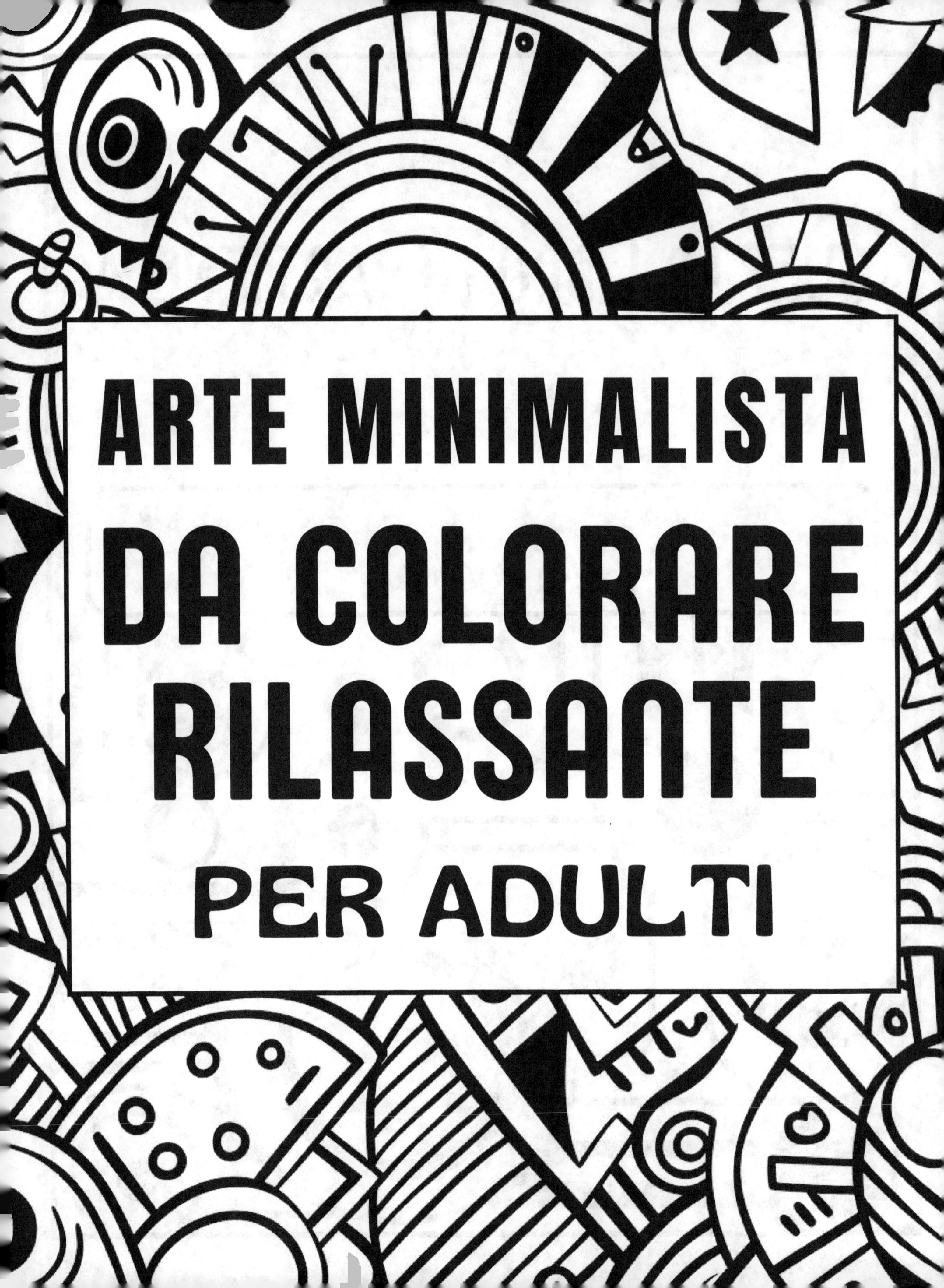

ARTE MINIMALISTA DA COLORARE RILASSANTE

PER ADULTI

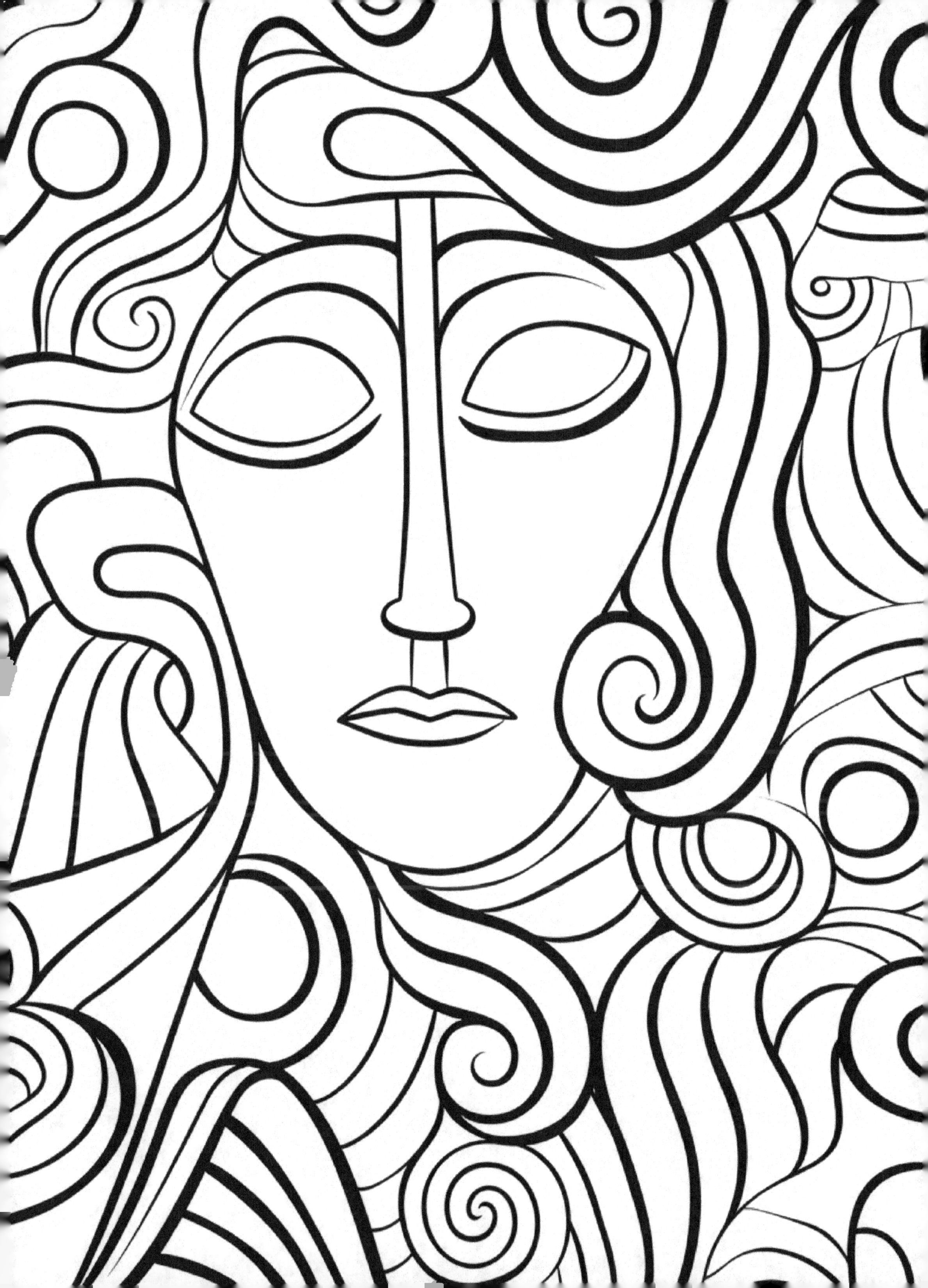

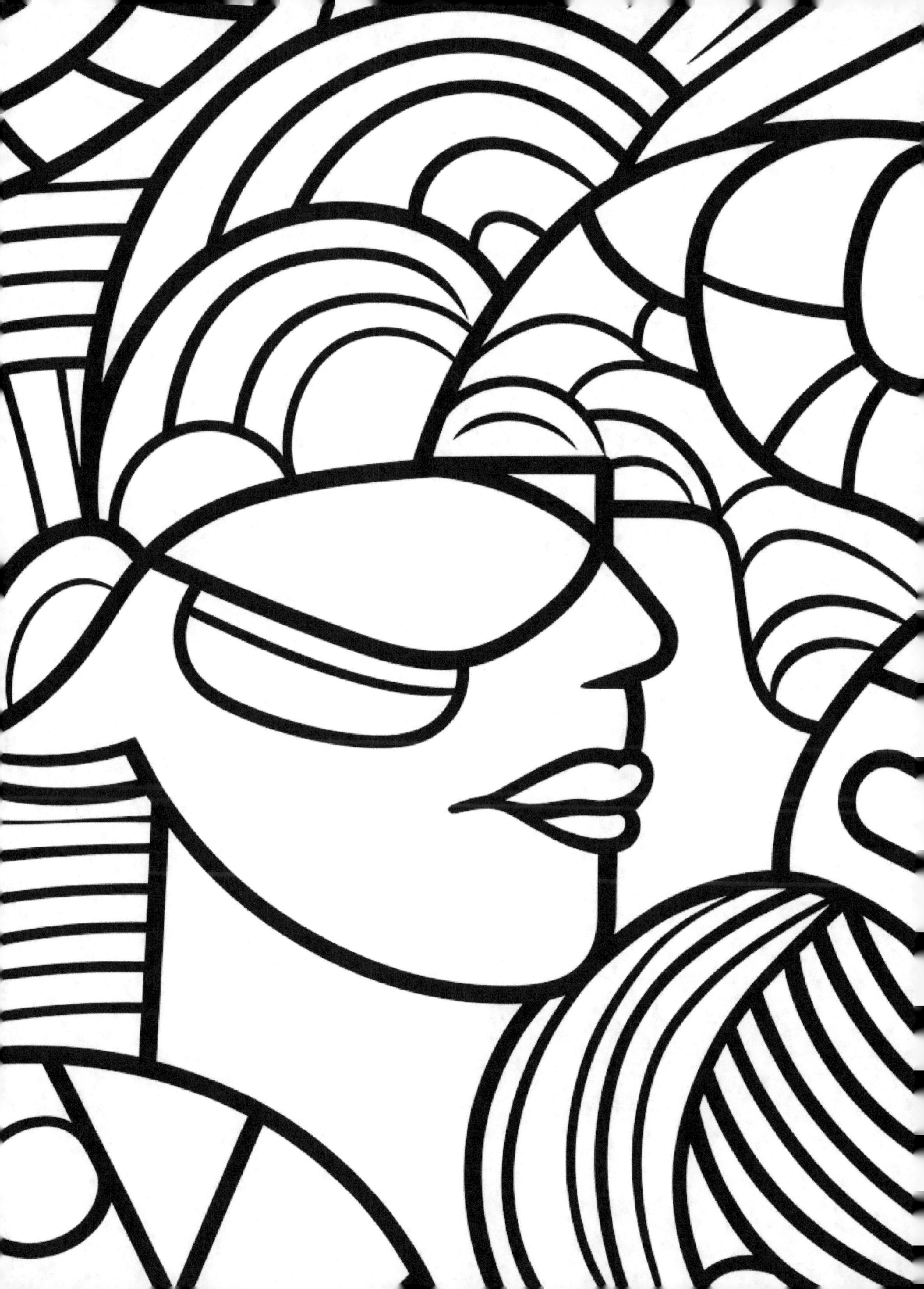

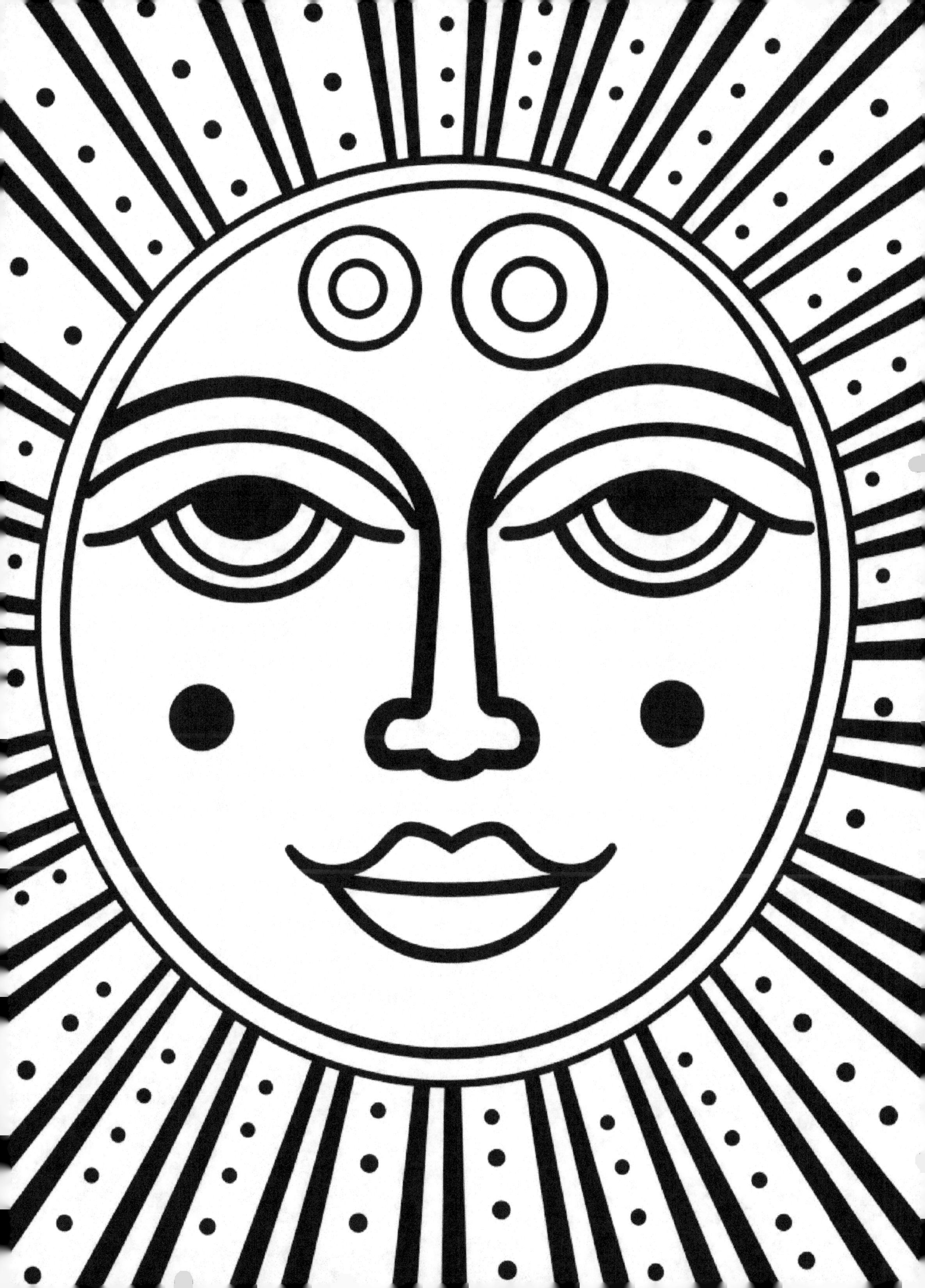

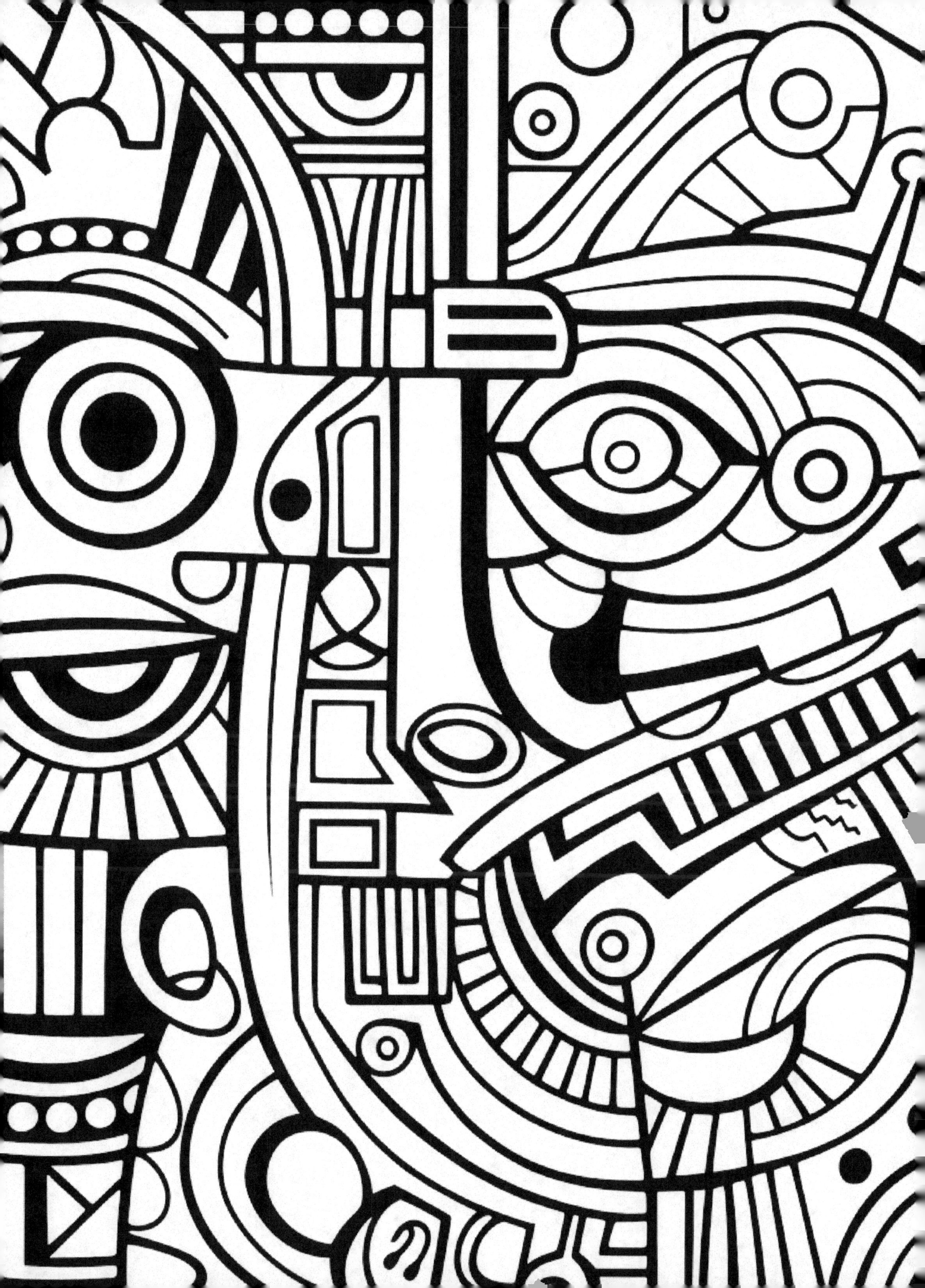

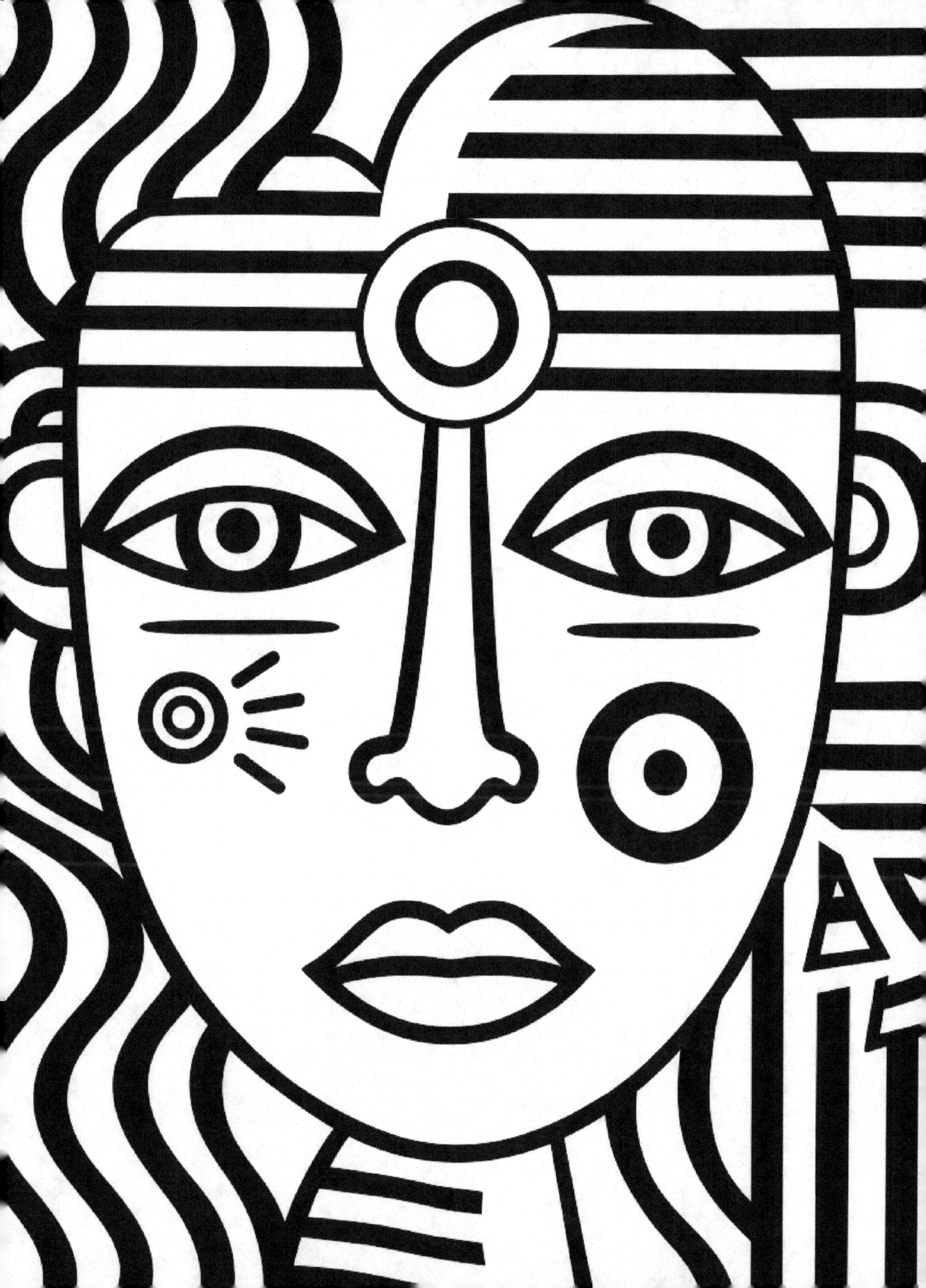

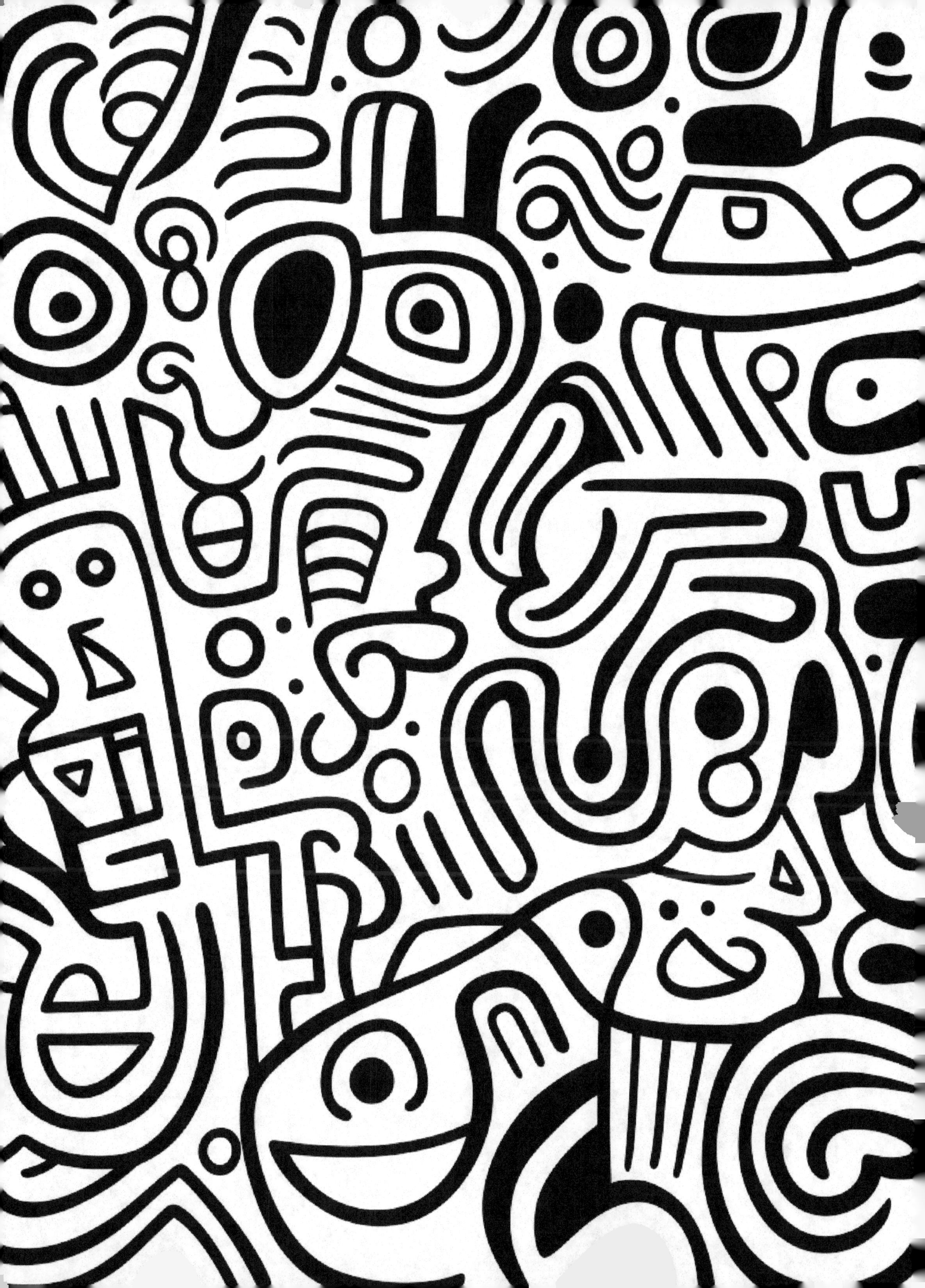

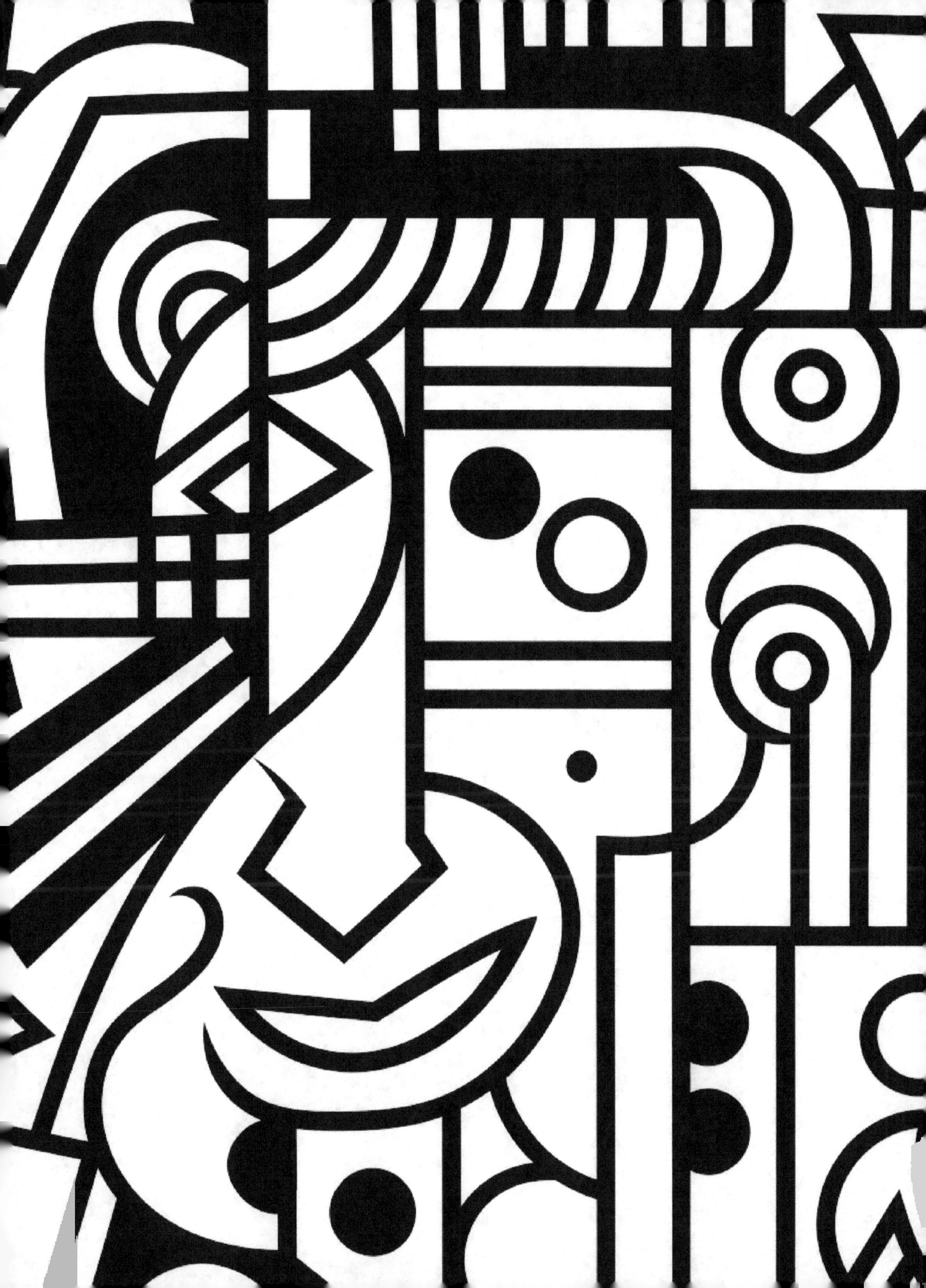

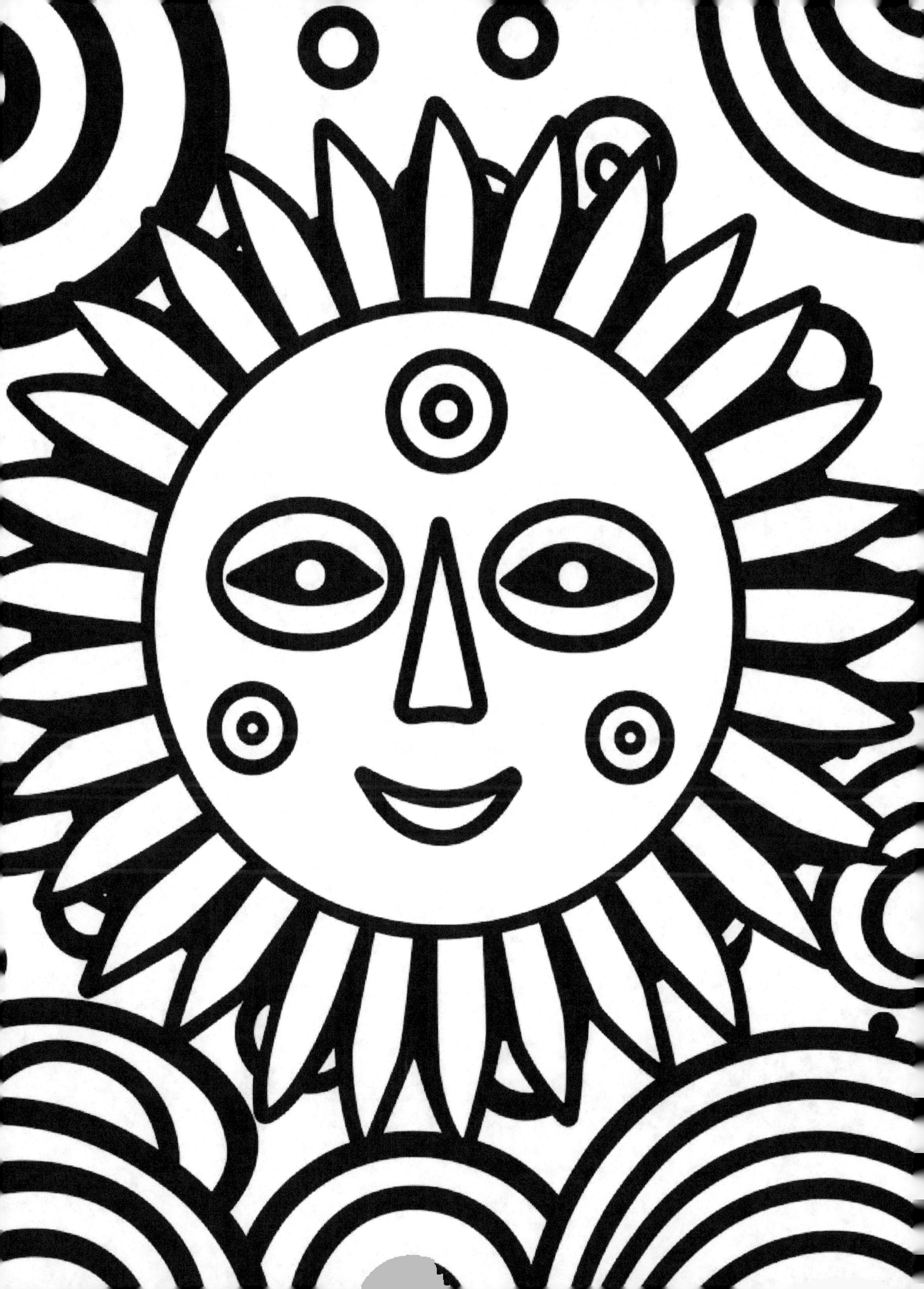

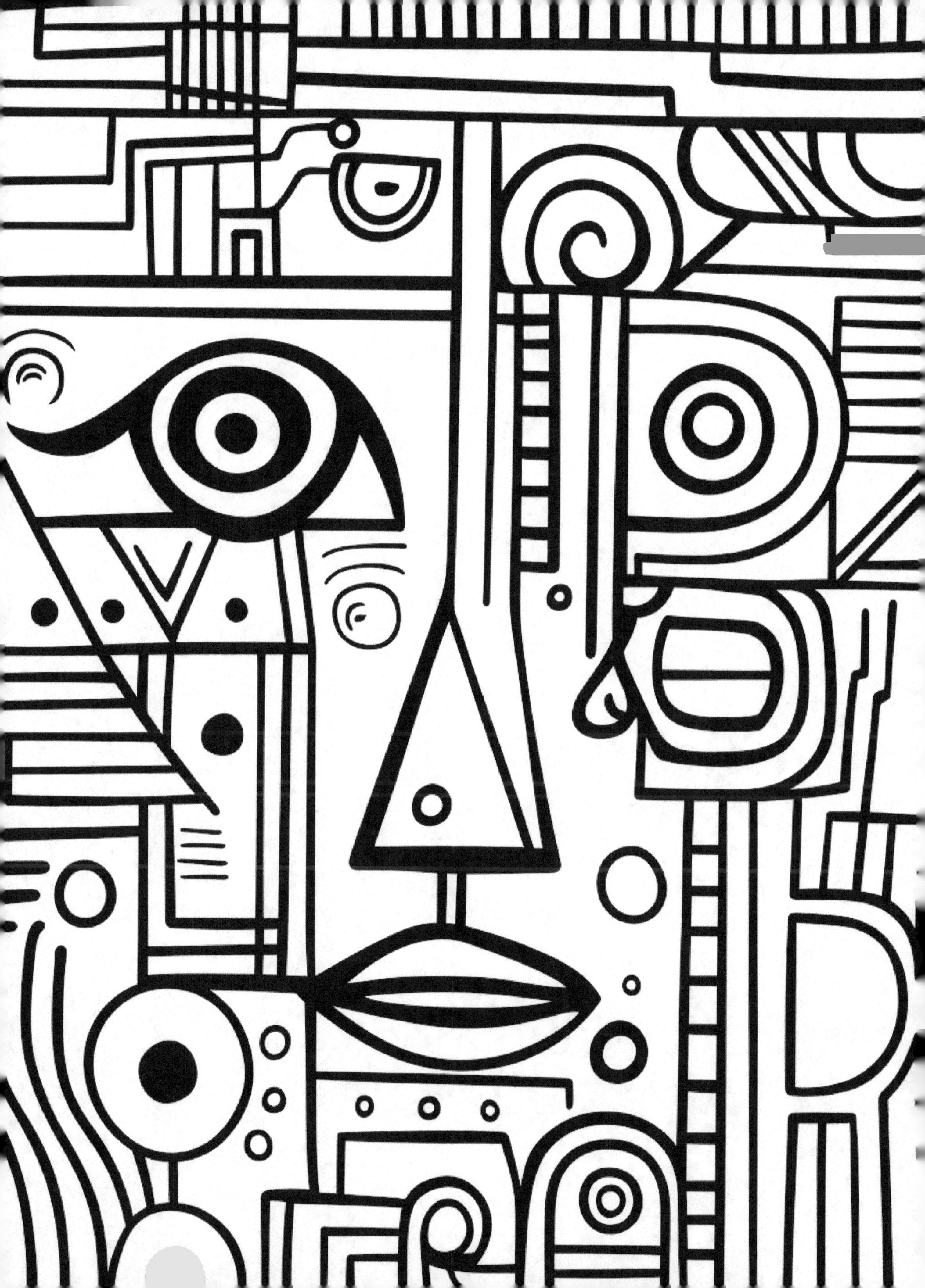

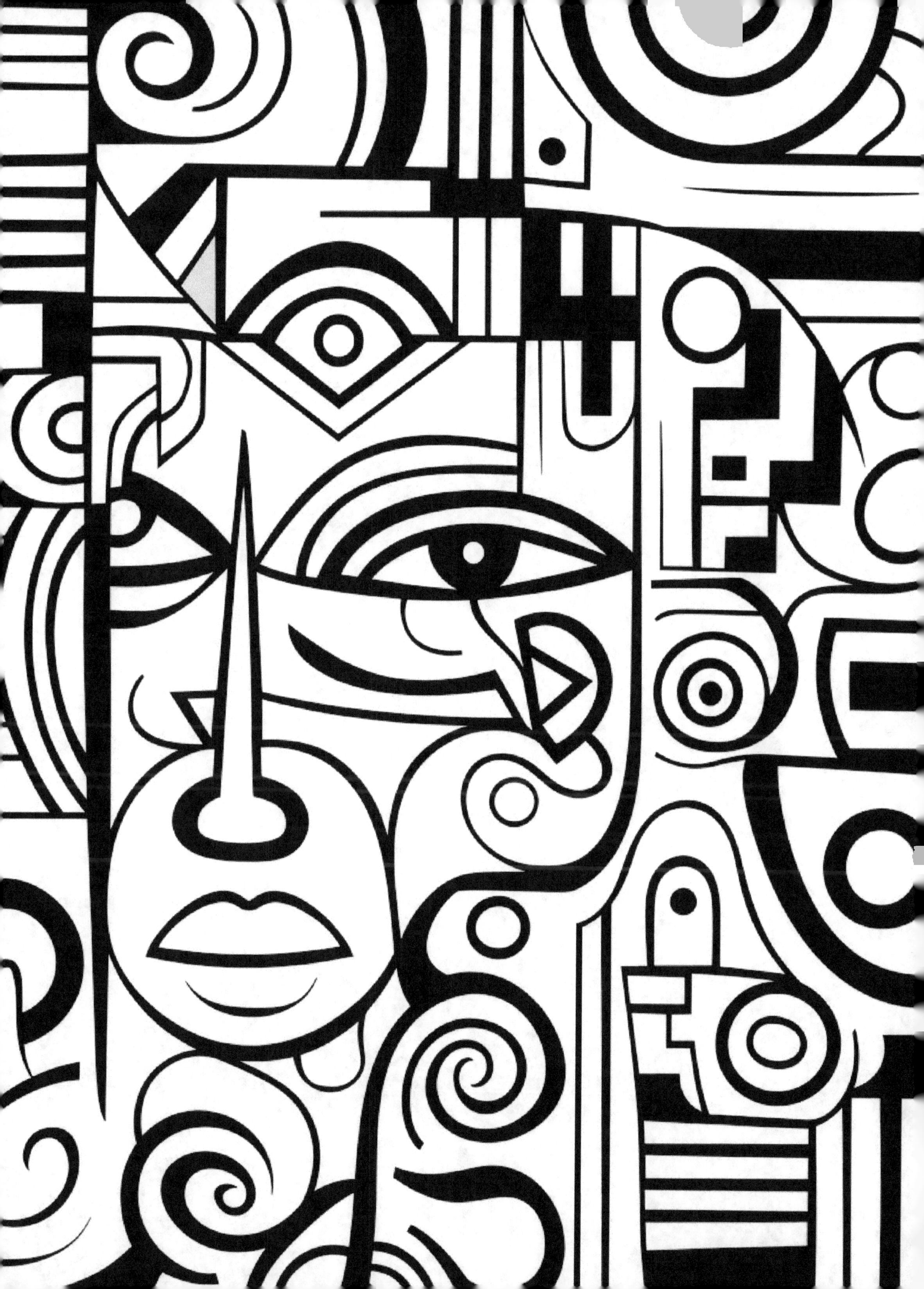

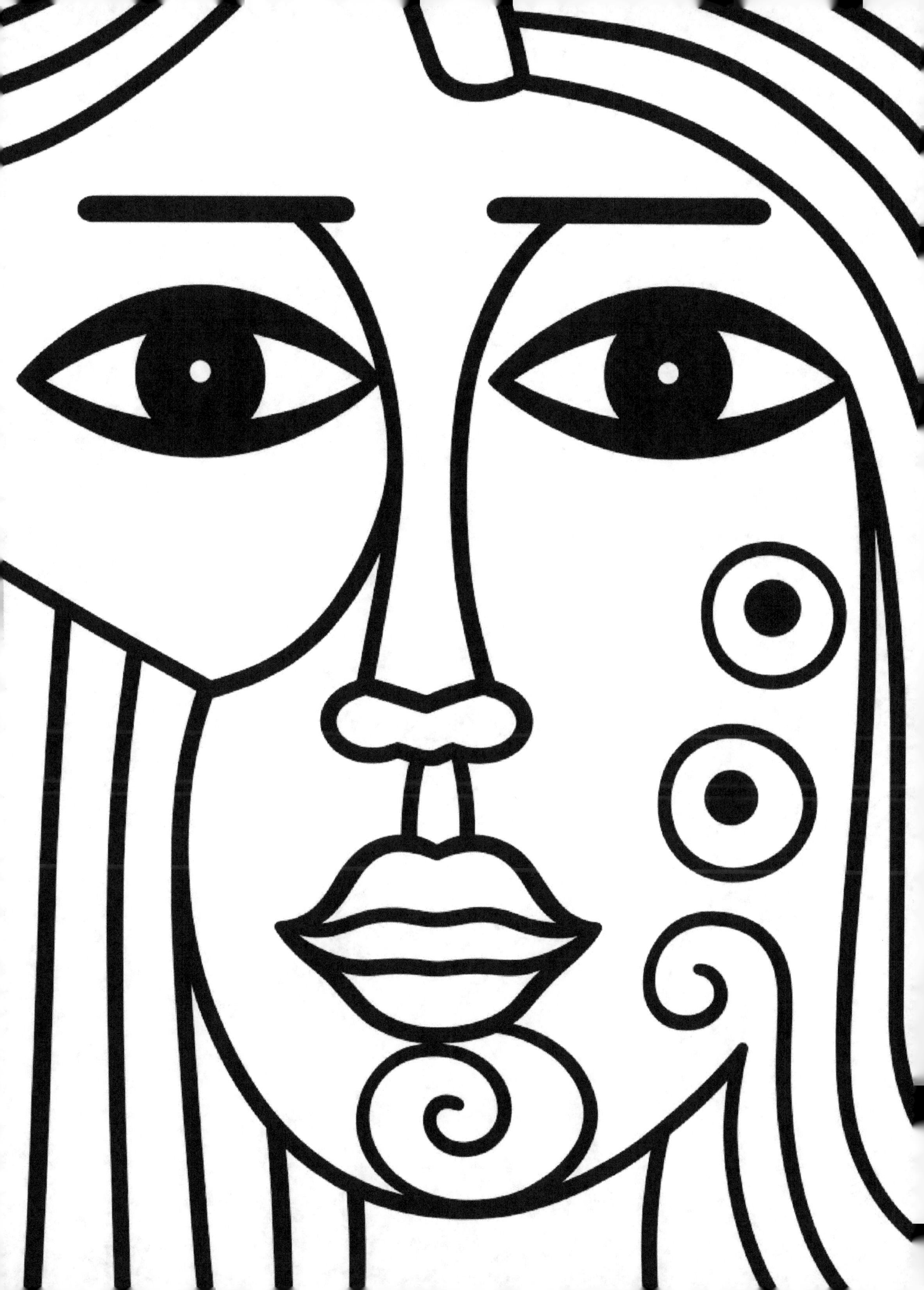

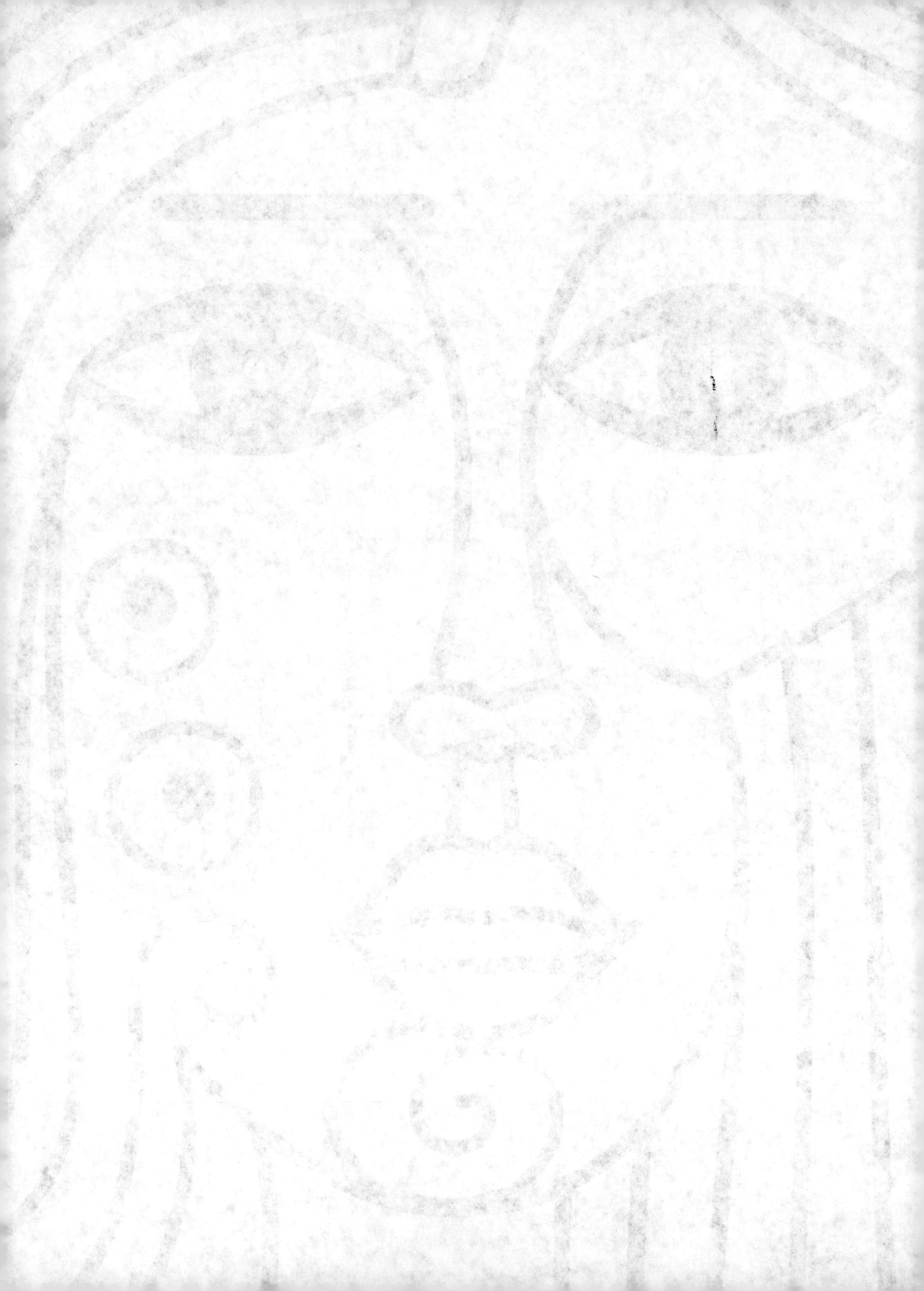

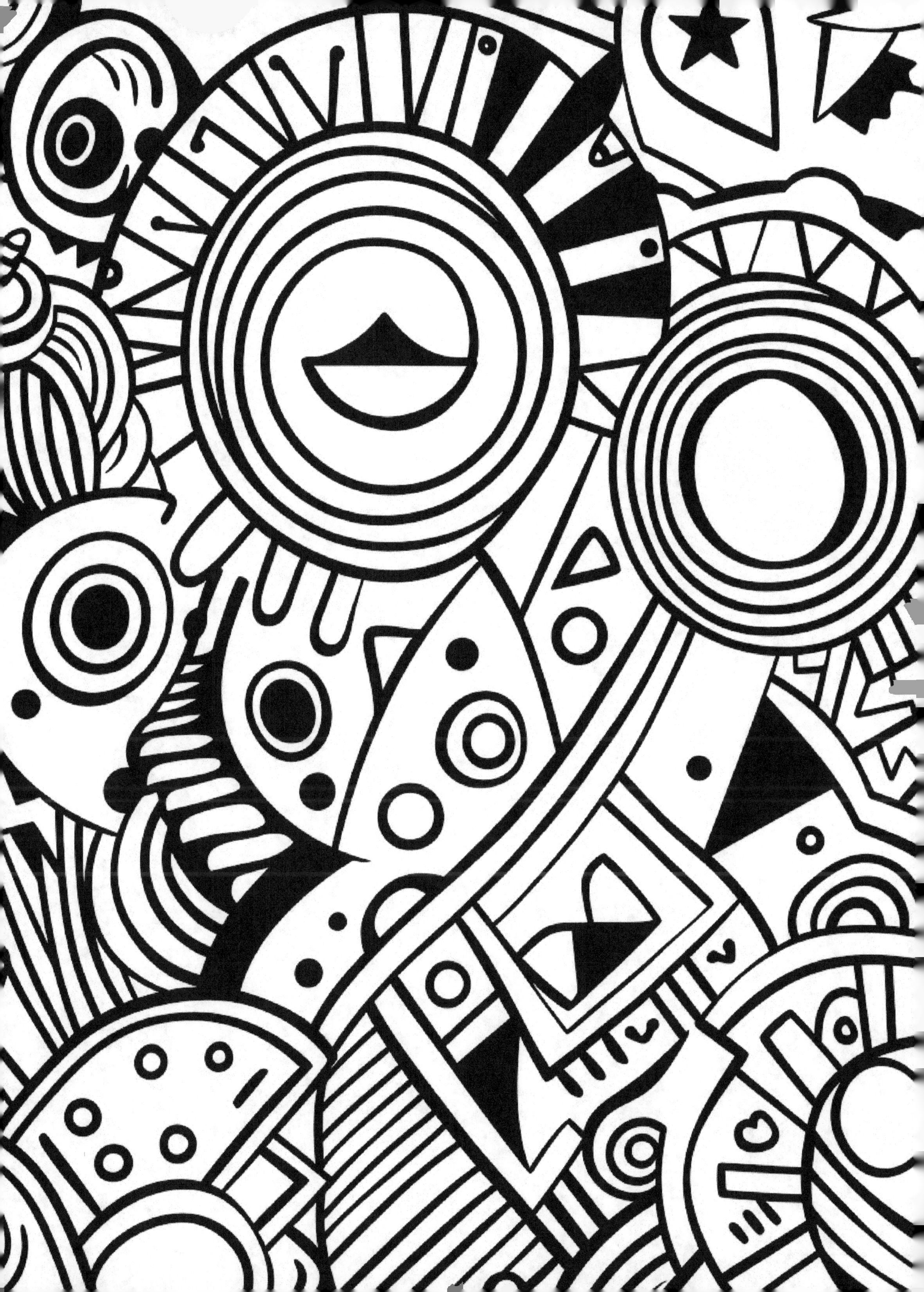

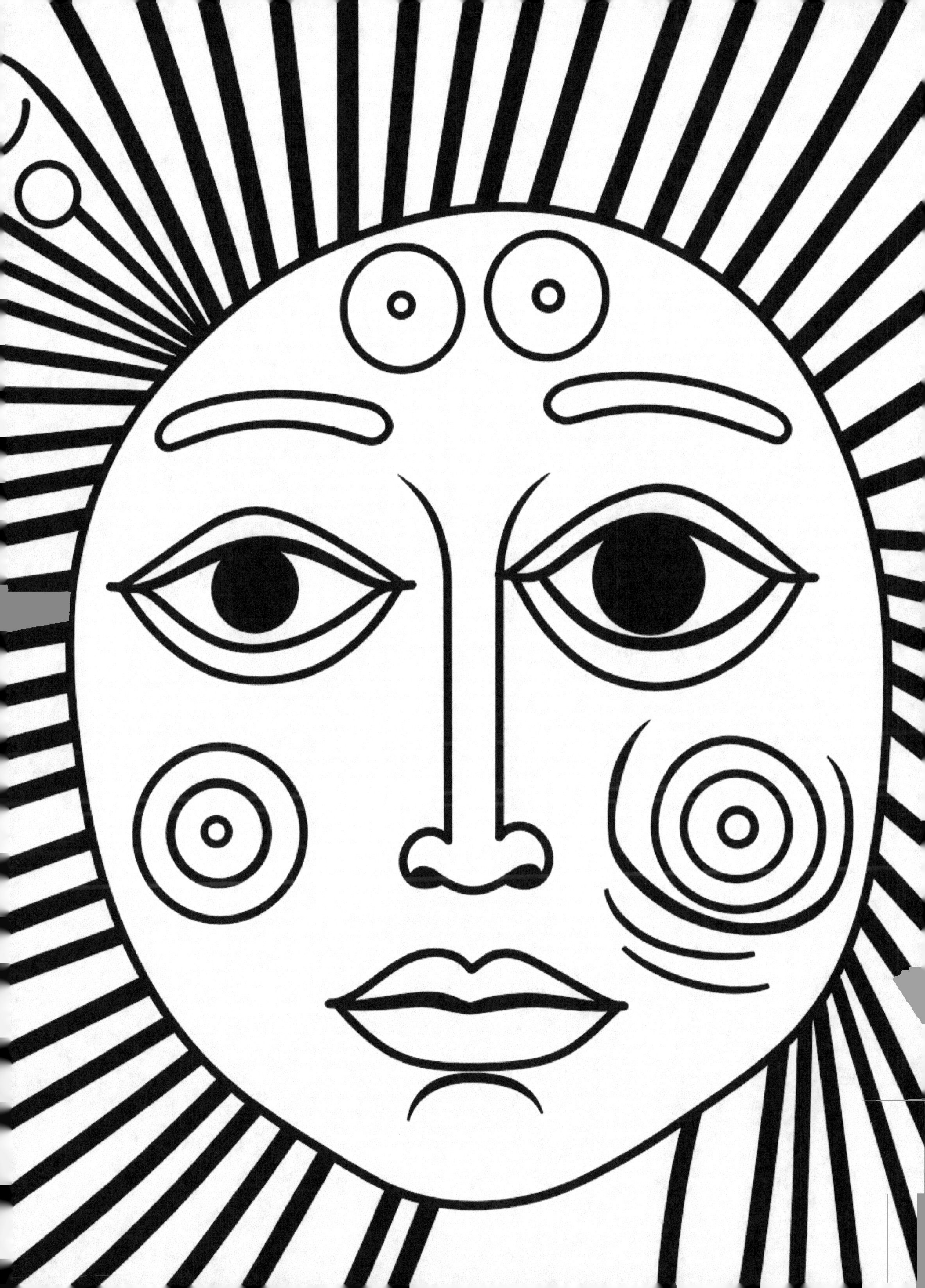

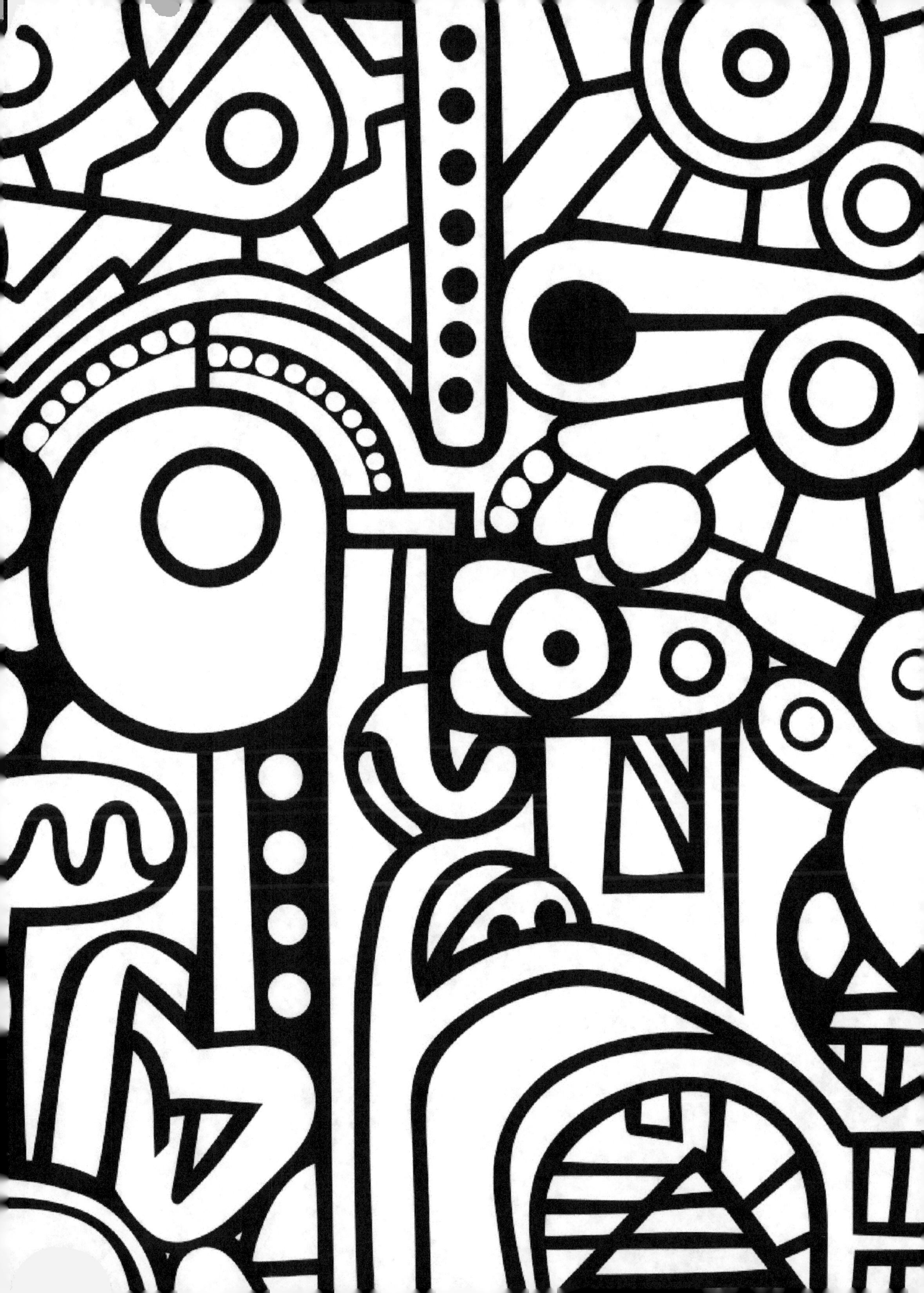

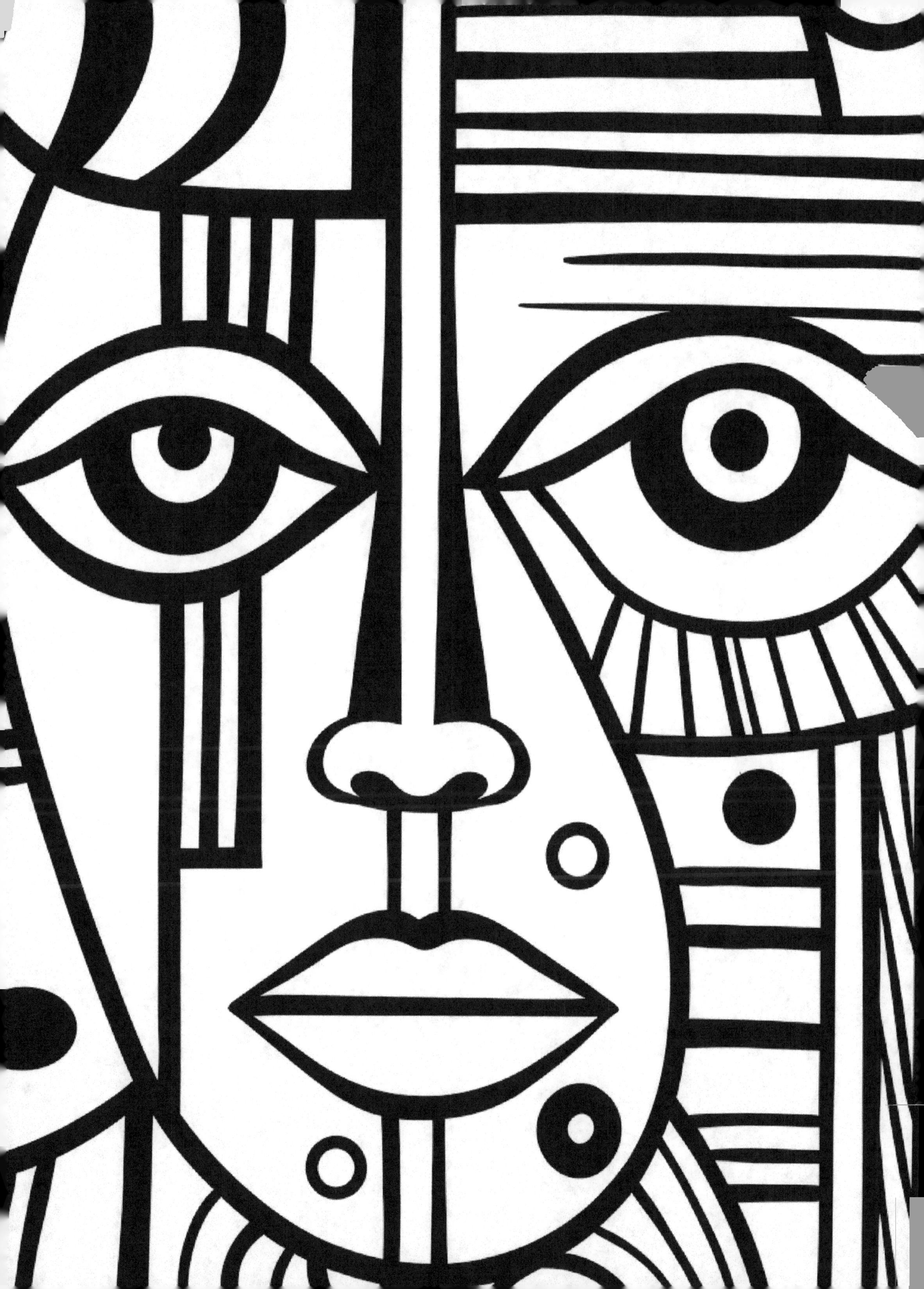

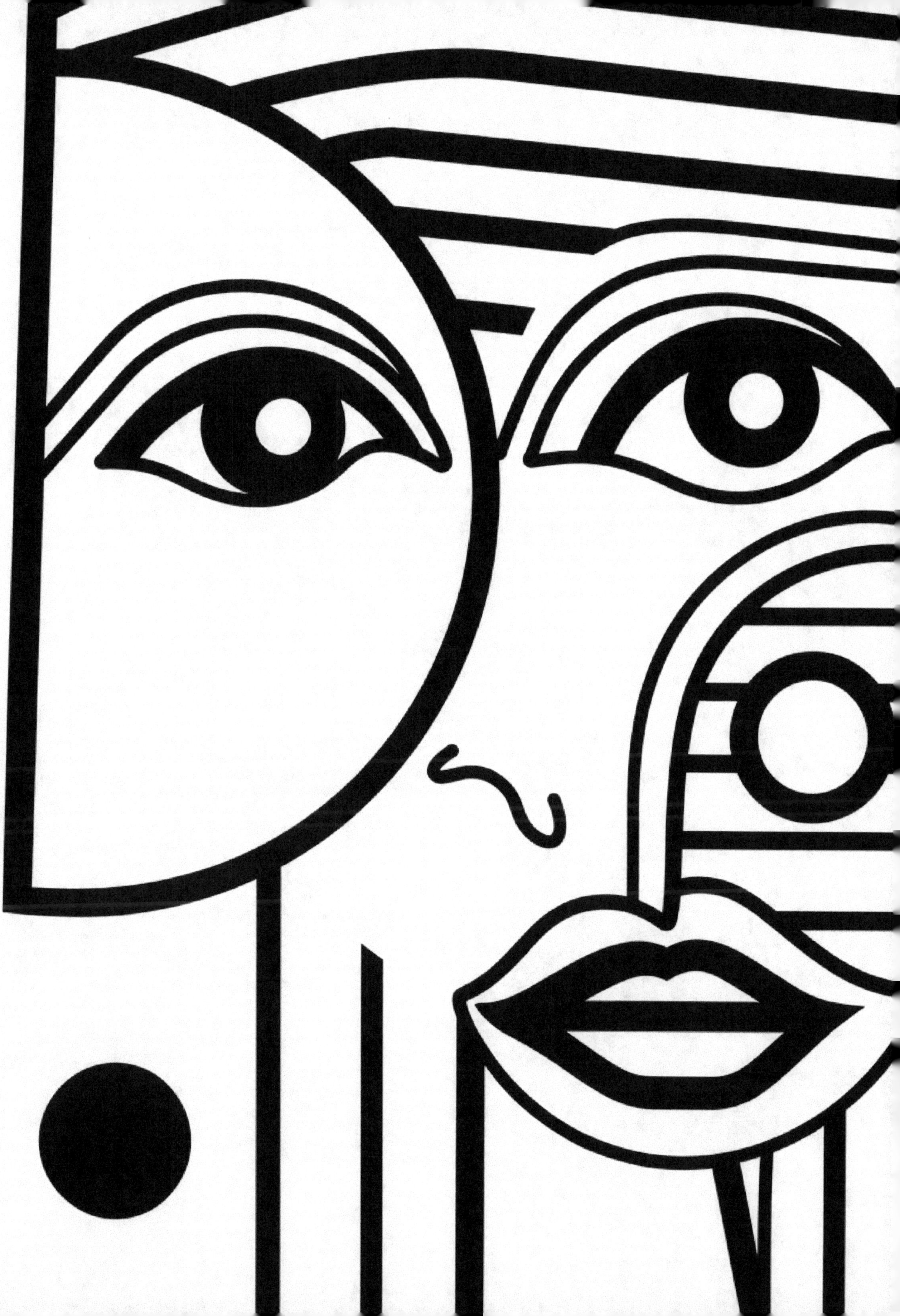

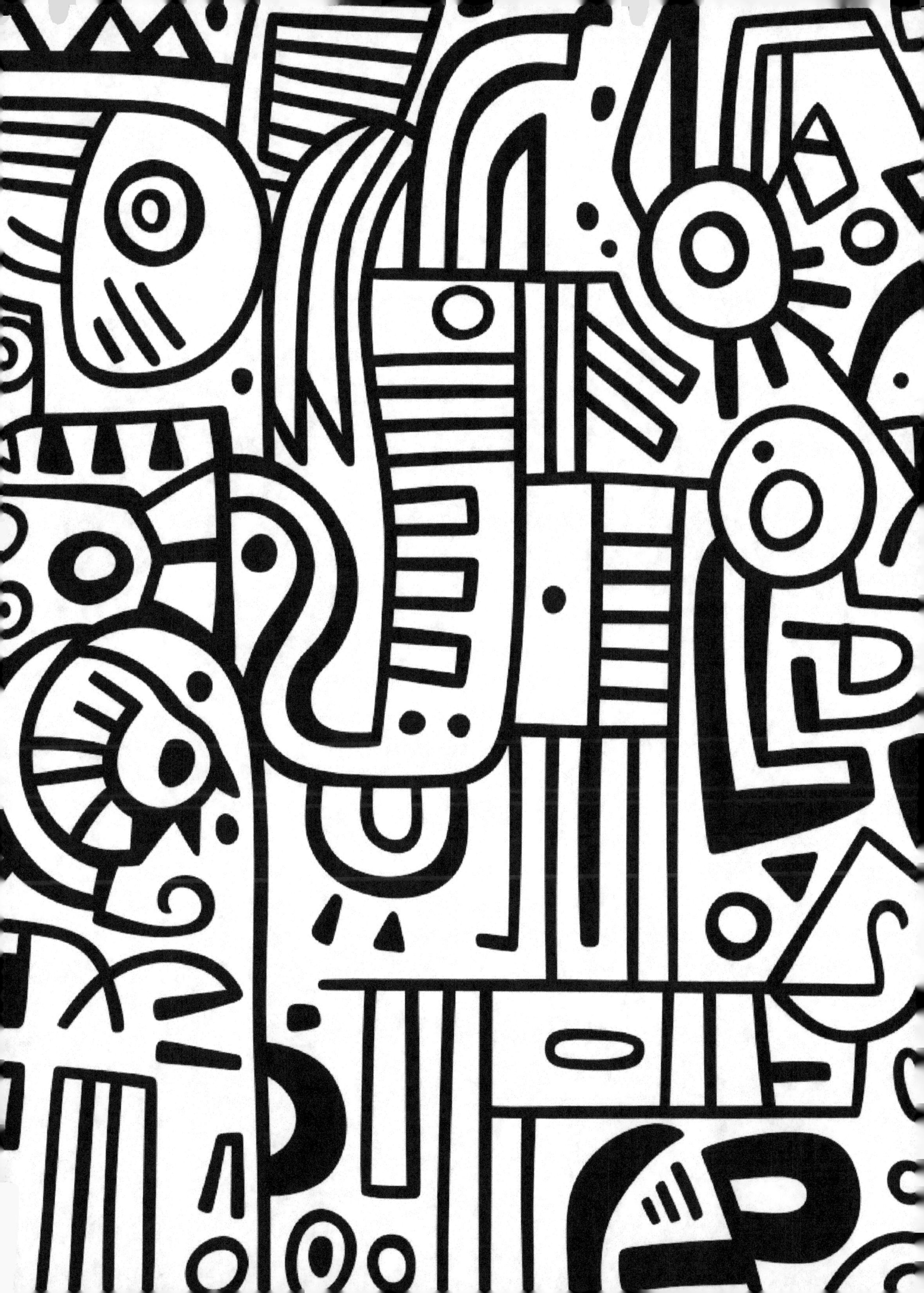

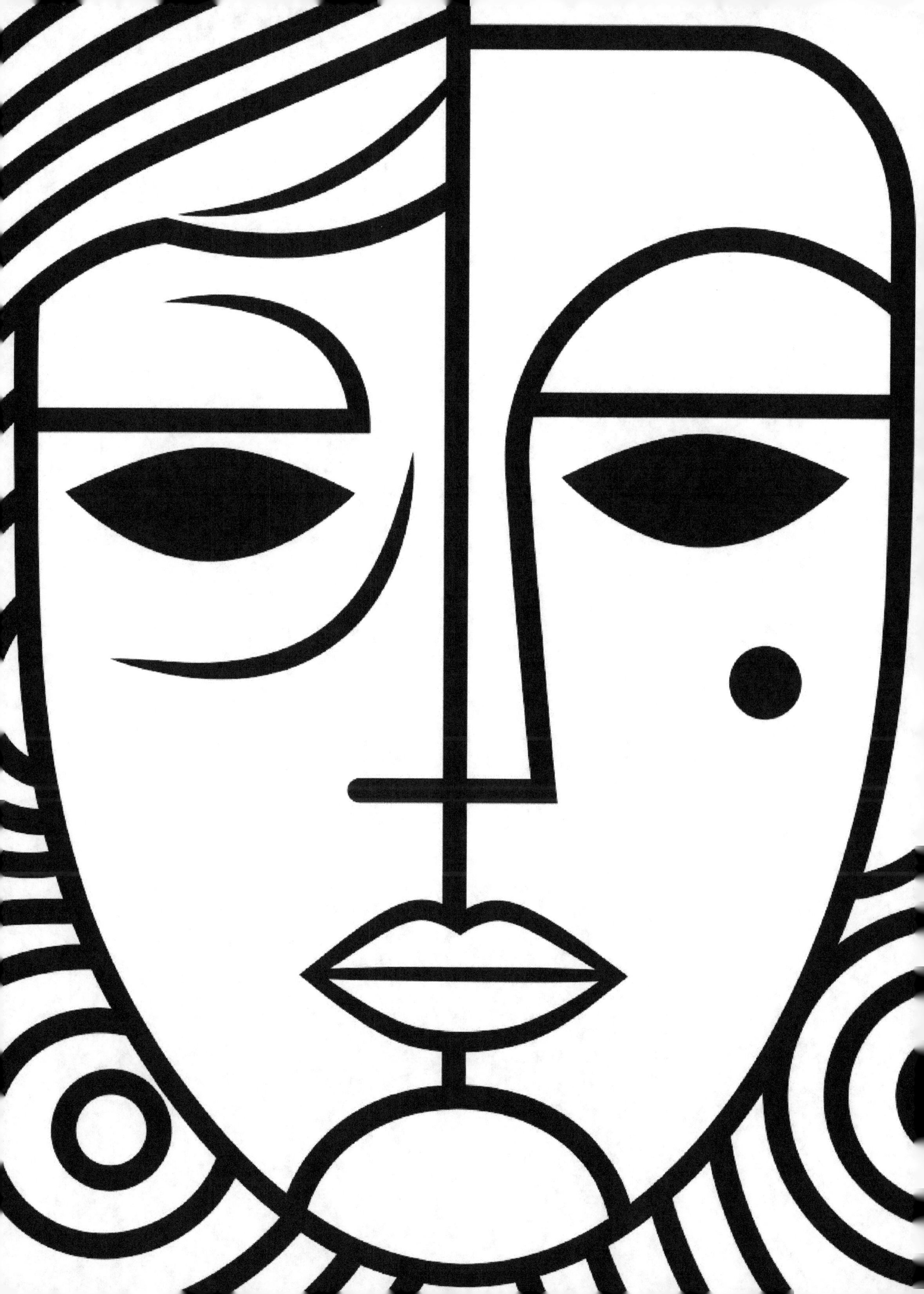

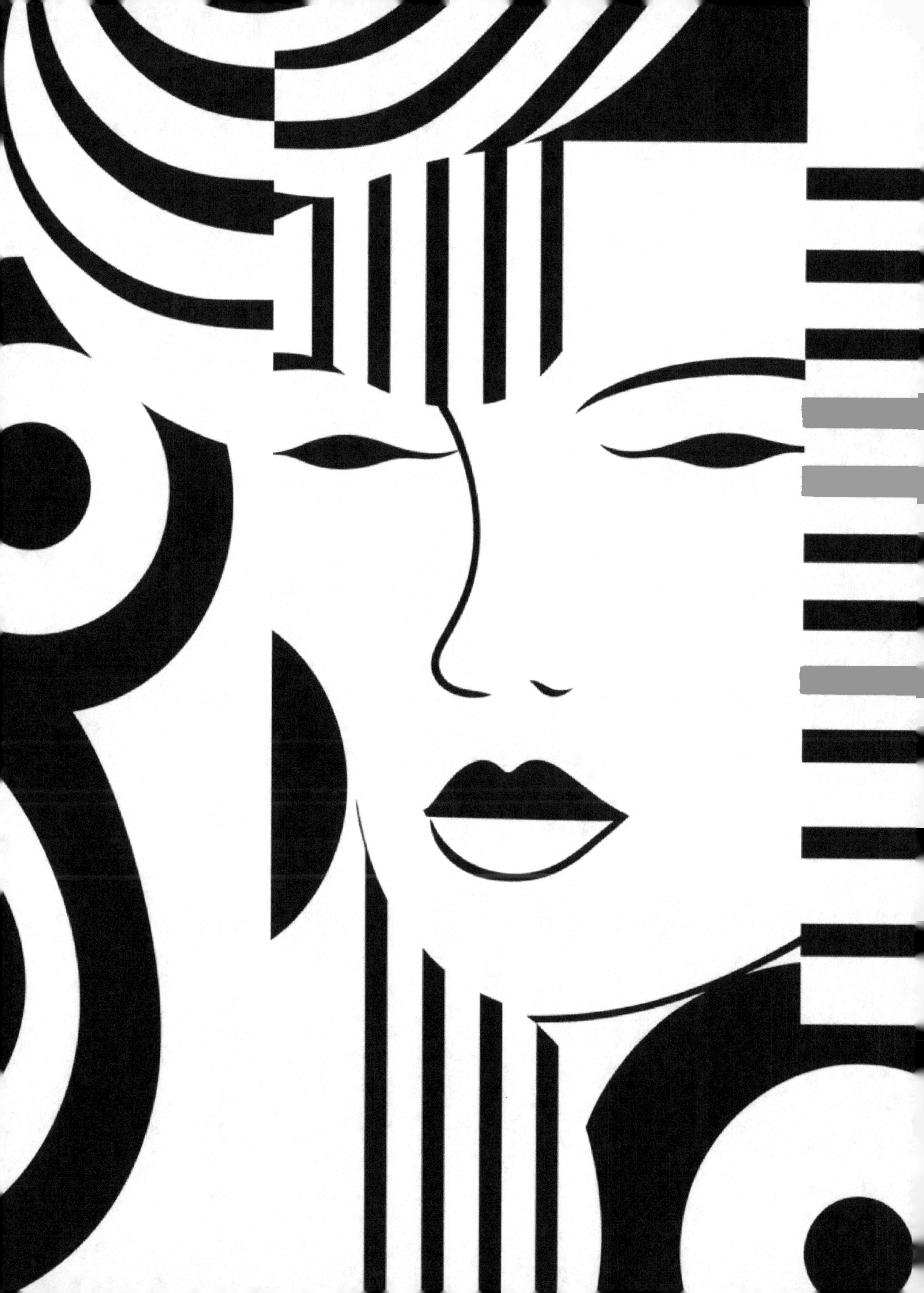

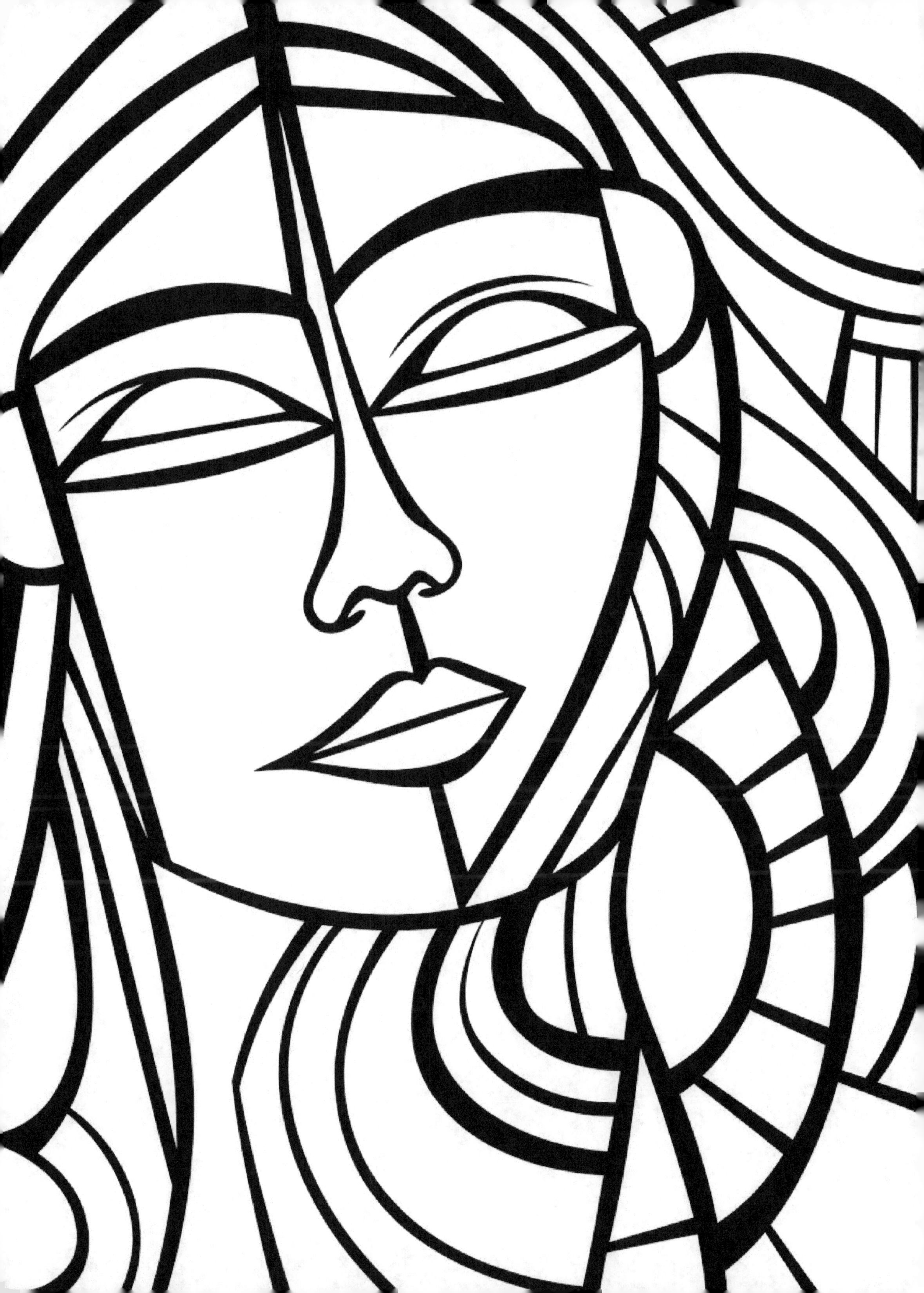

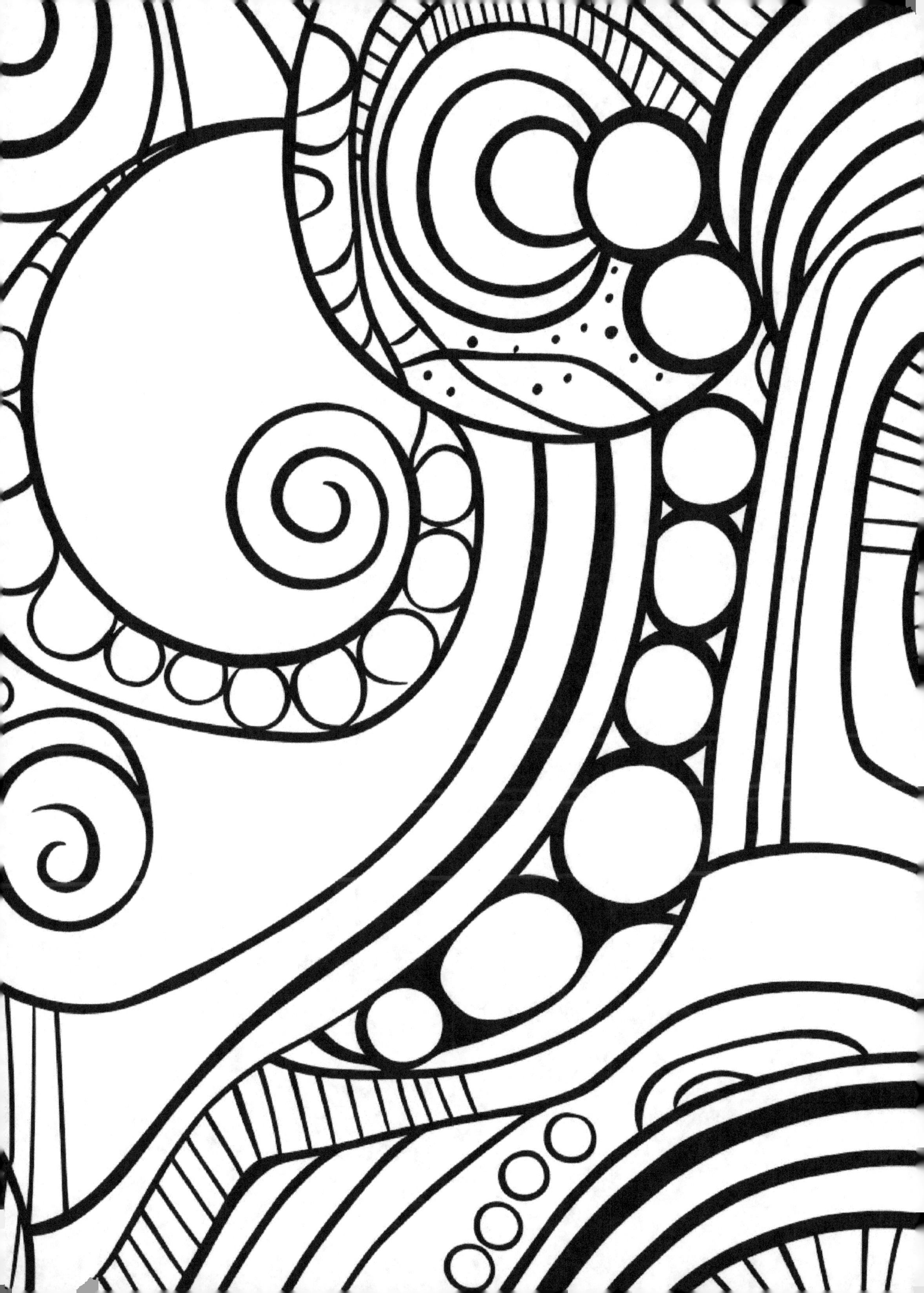

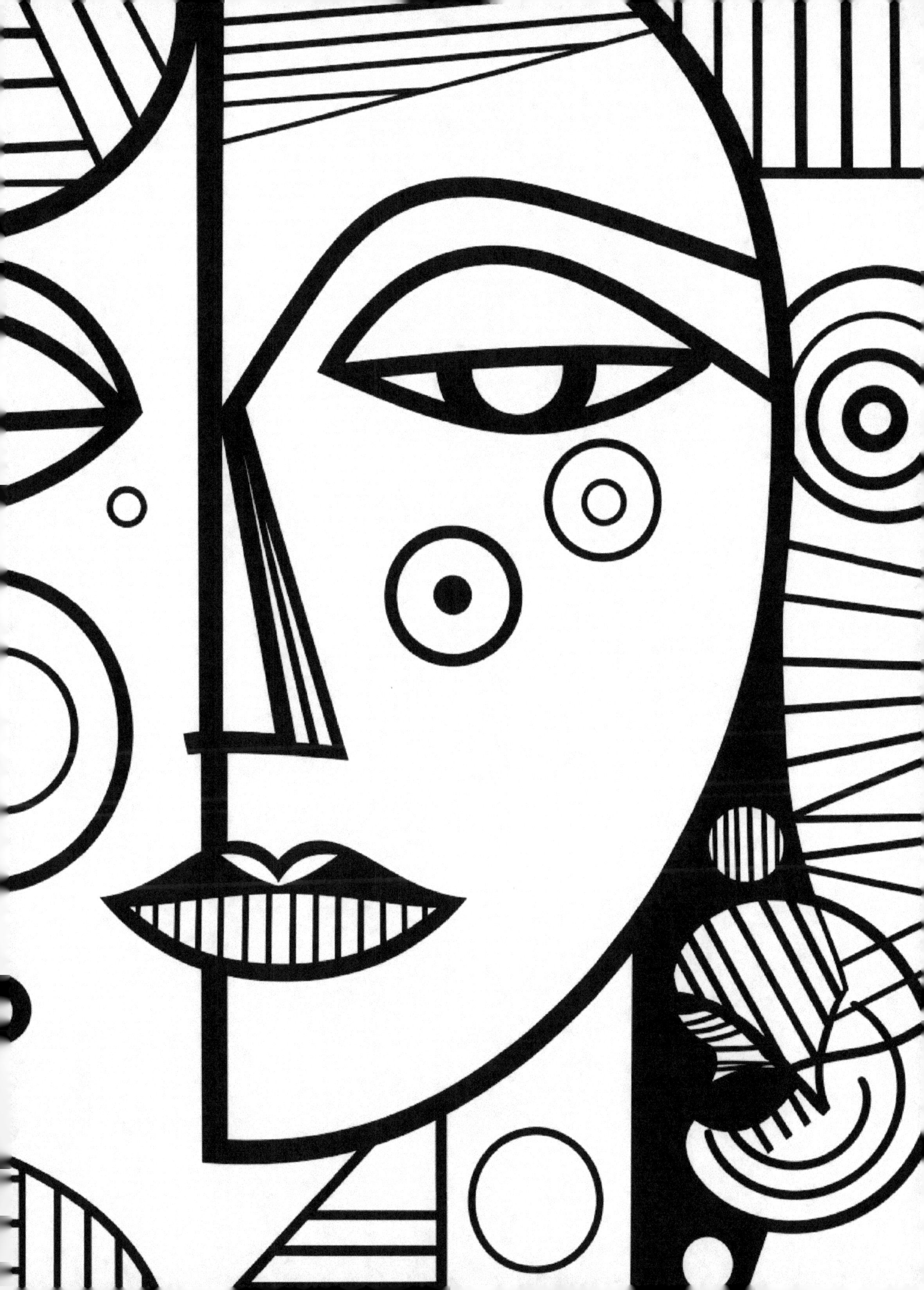

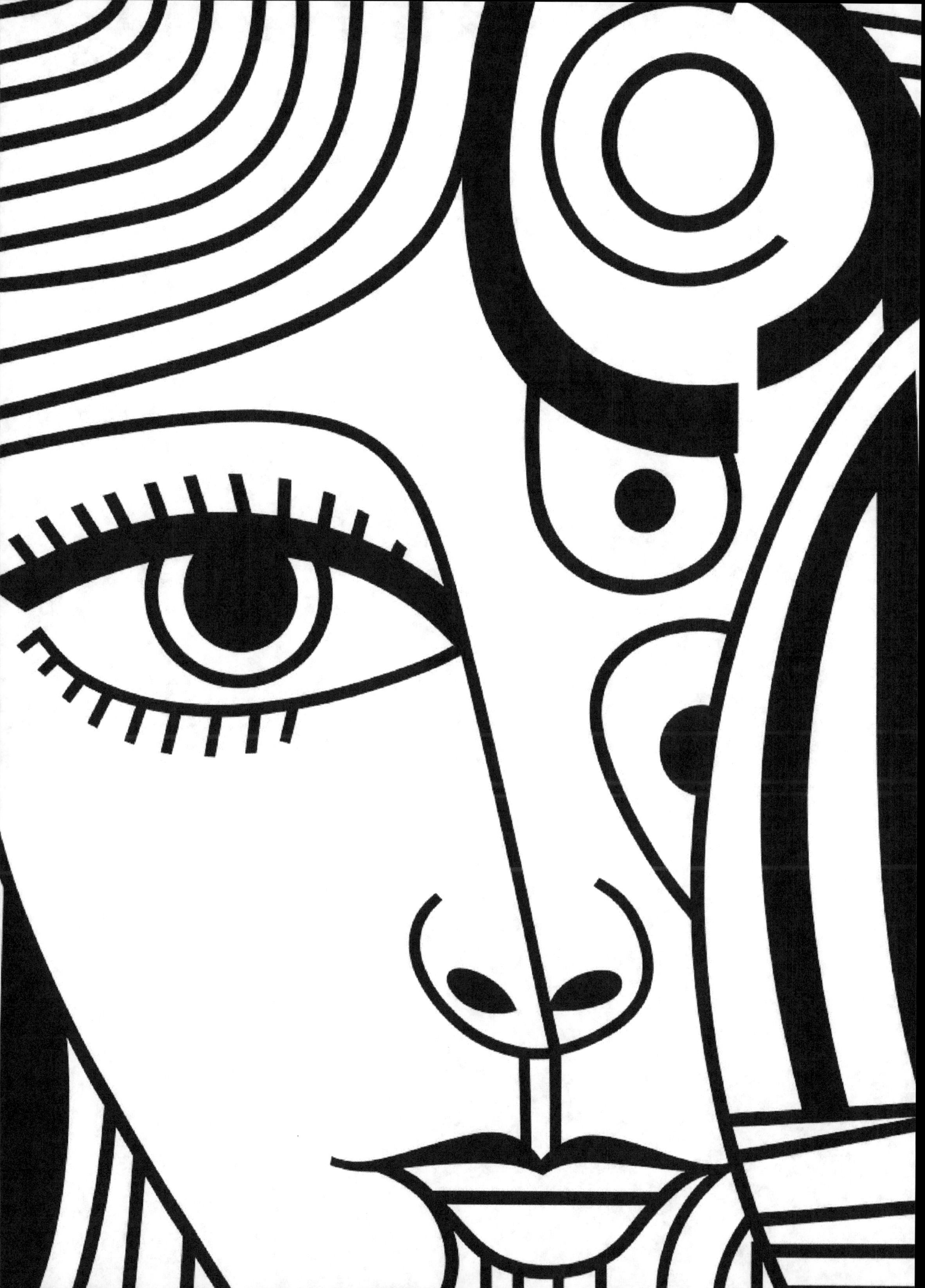

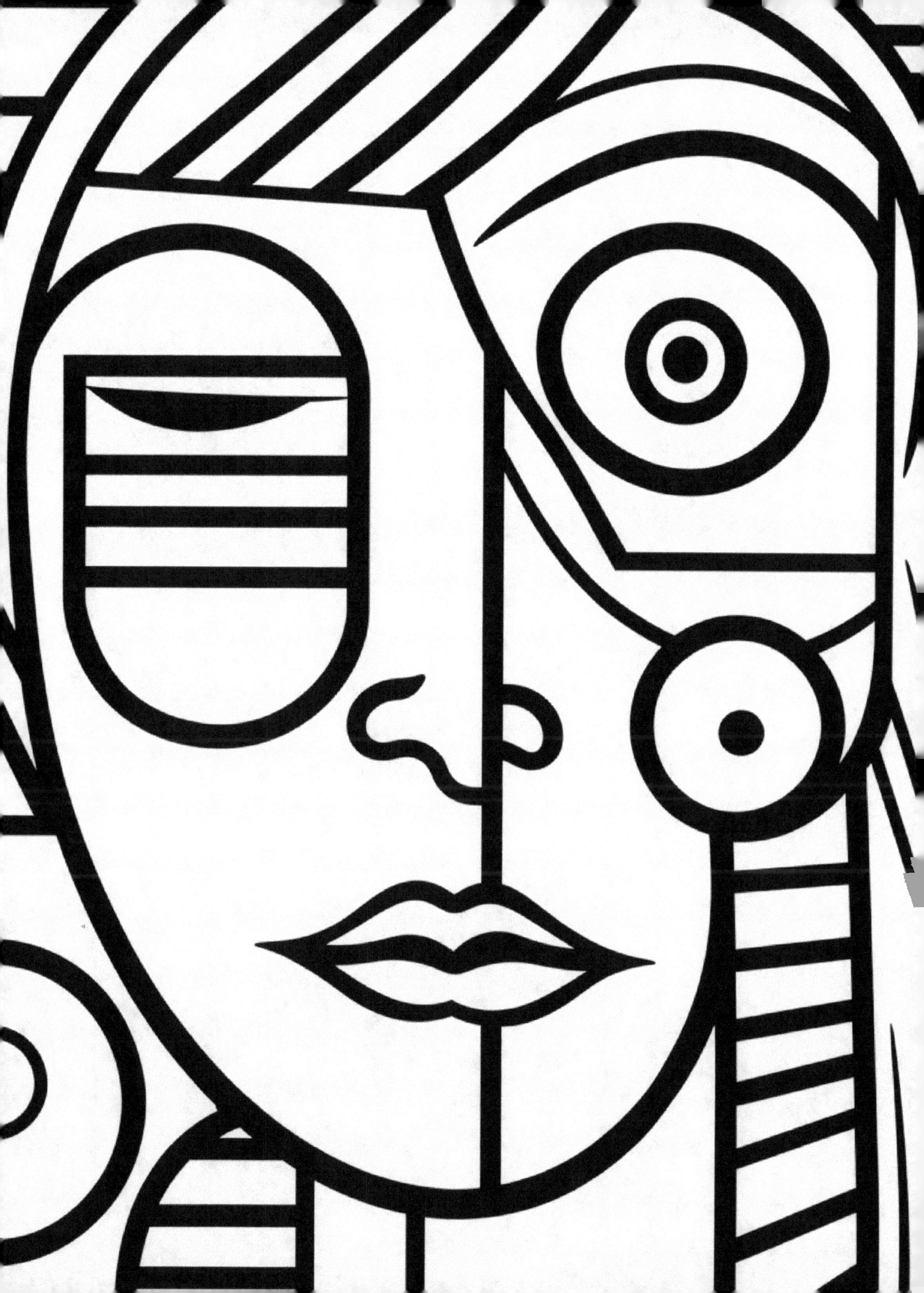

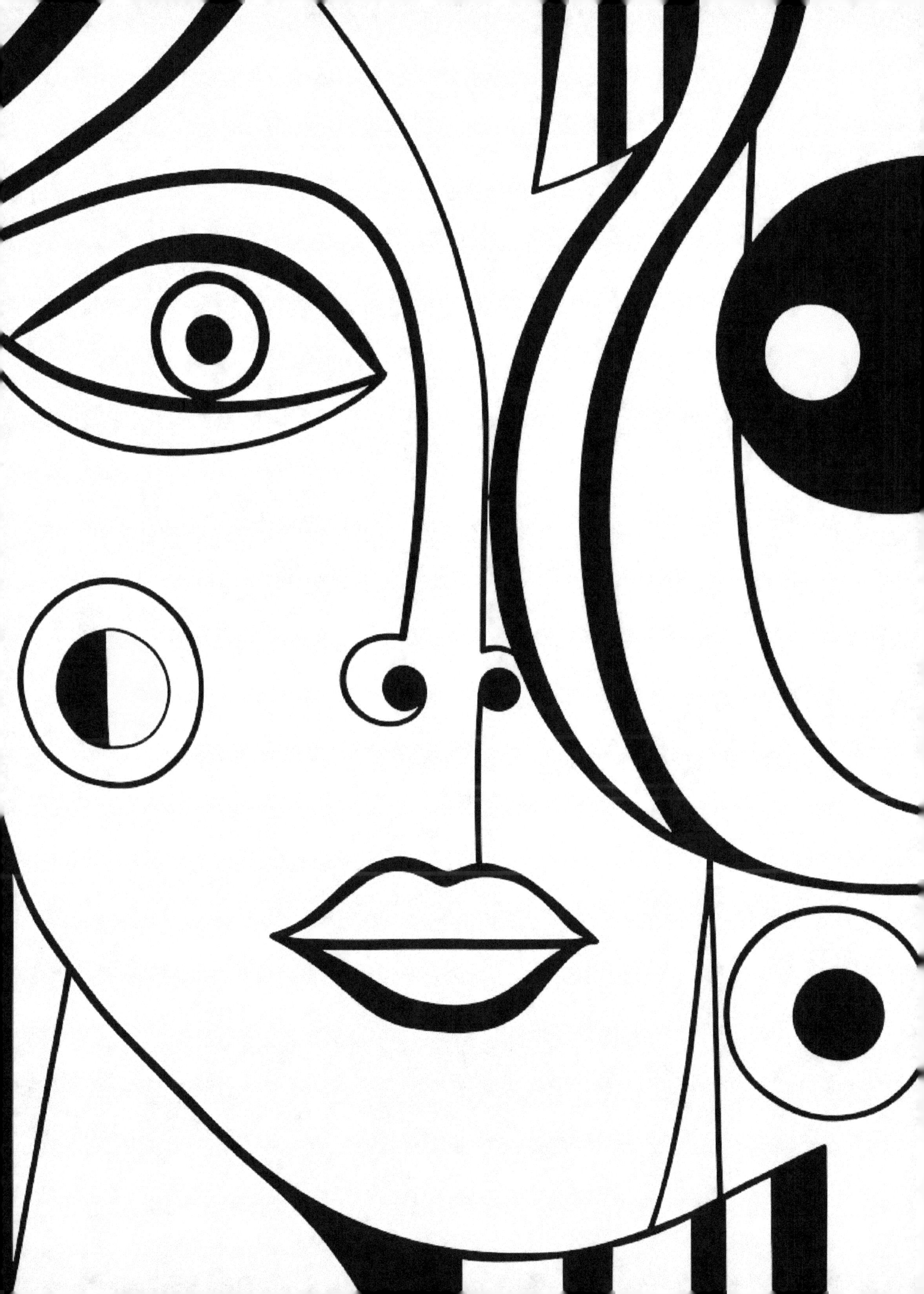

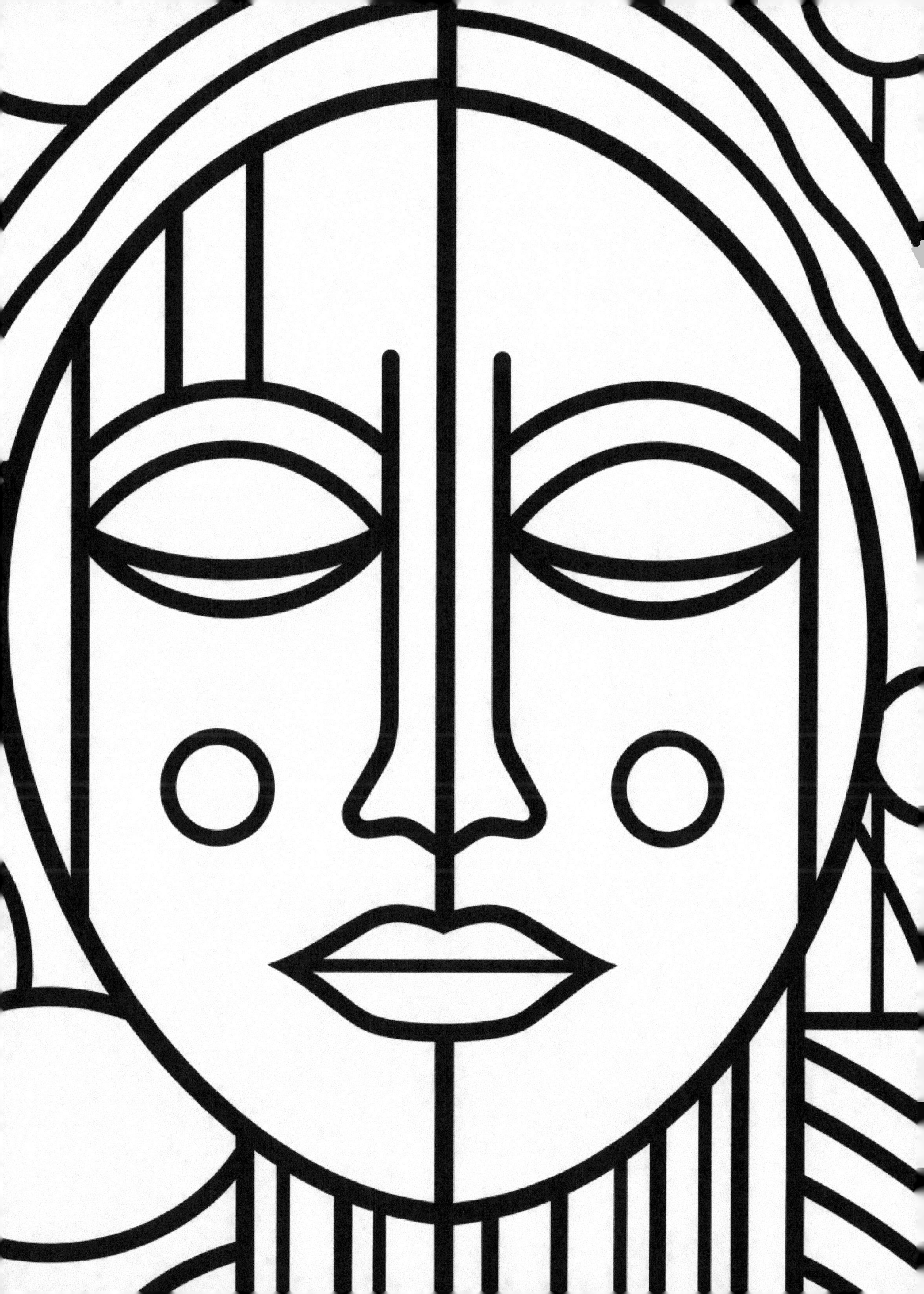

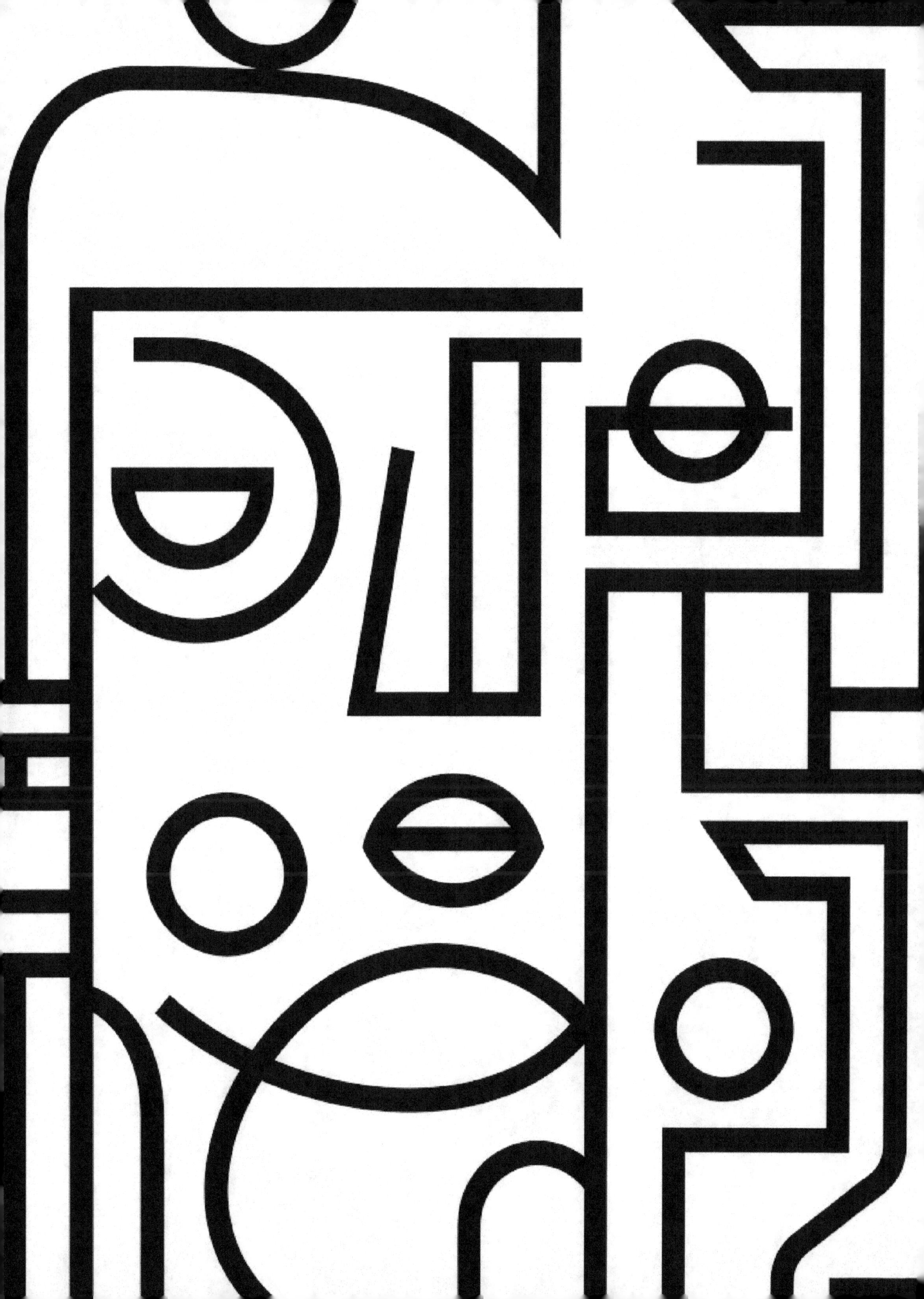

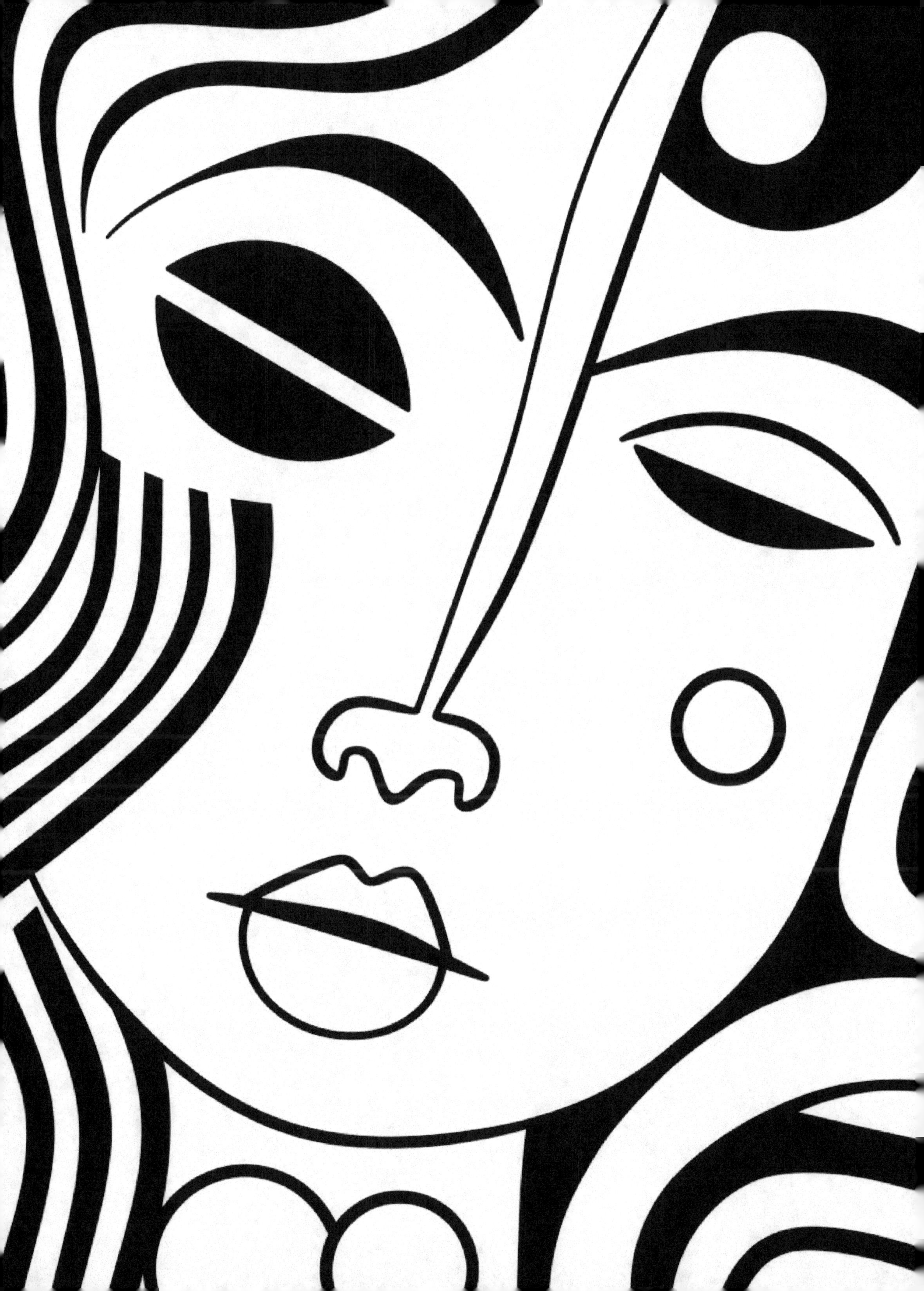

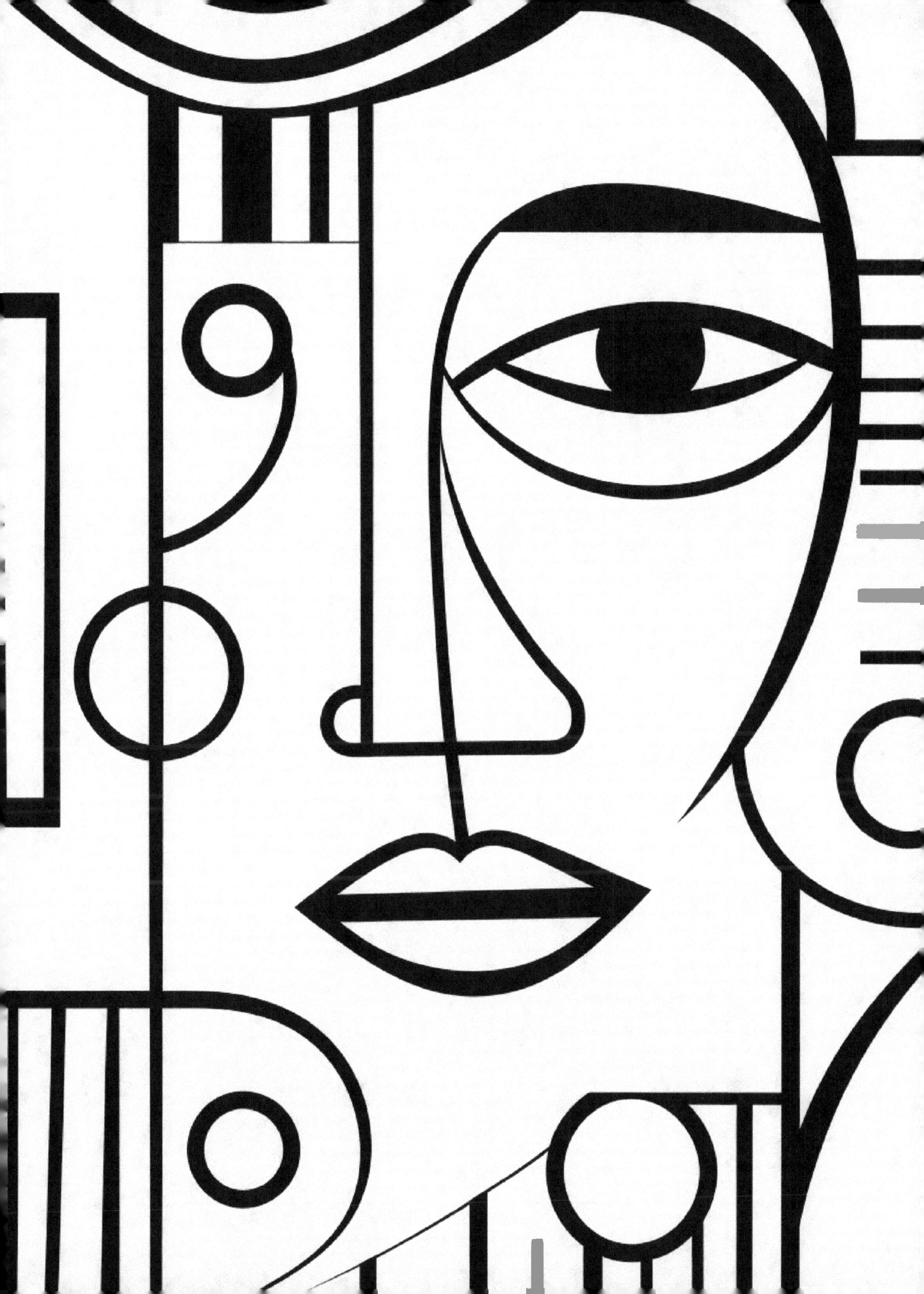

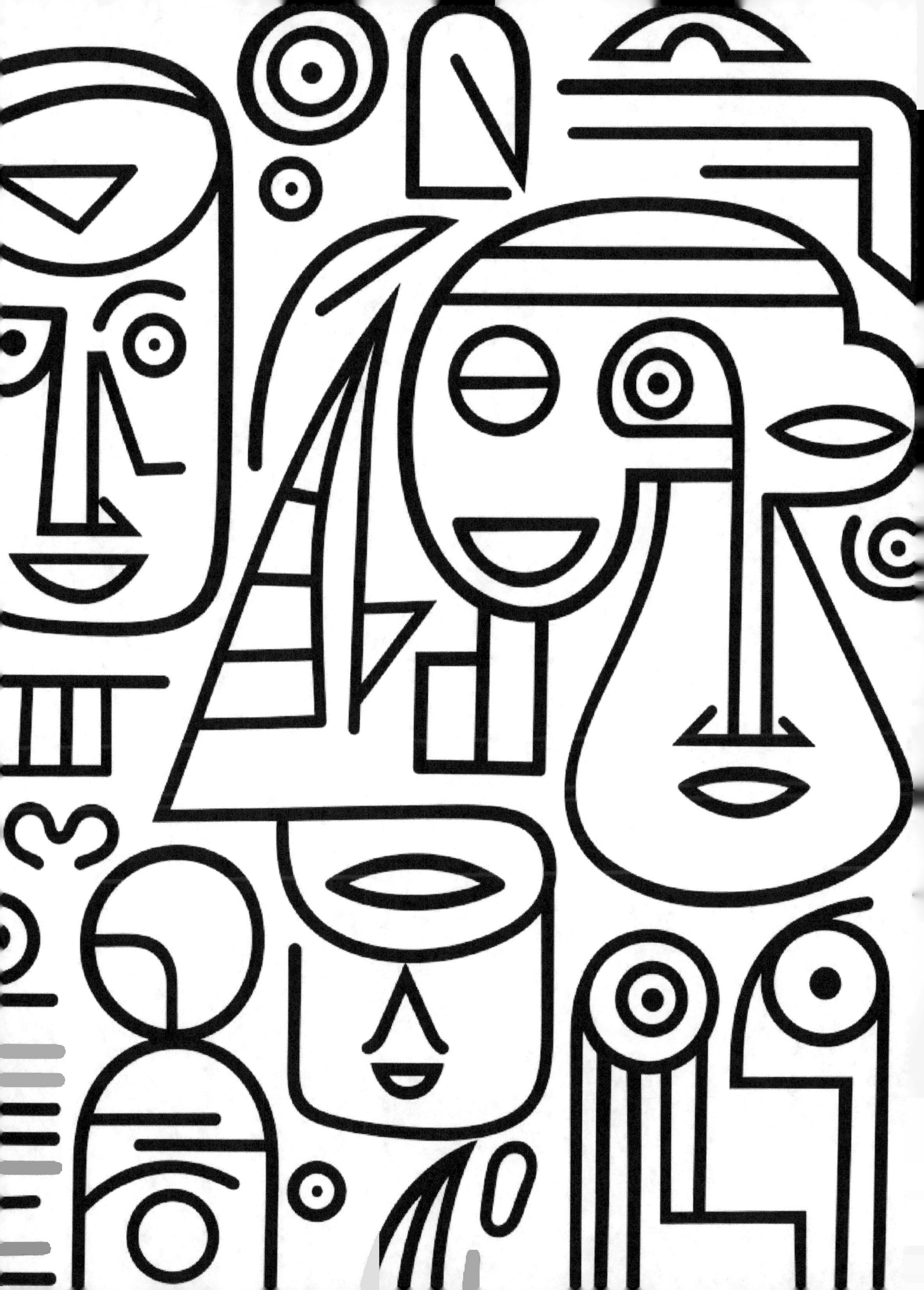

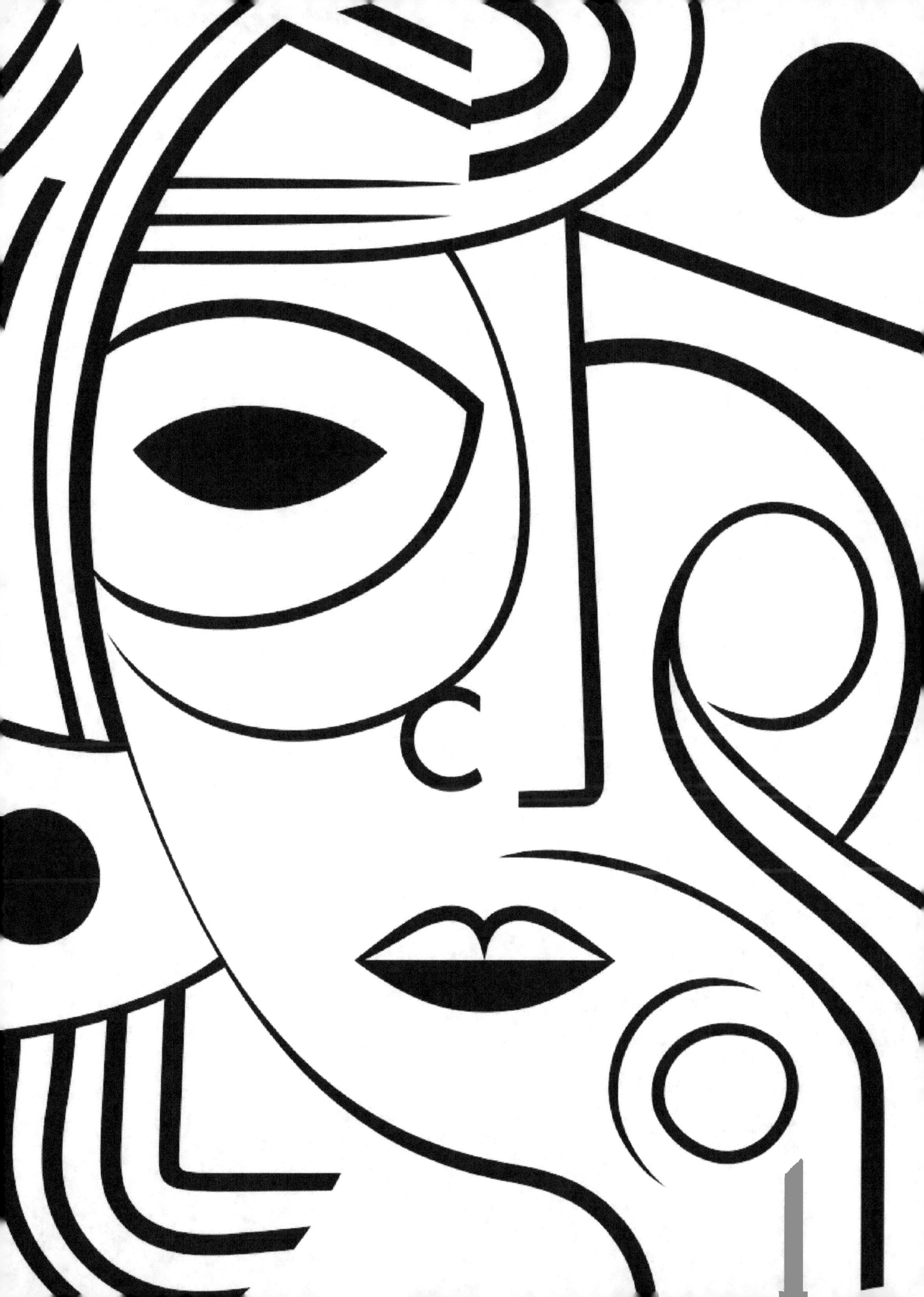

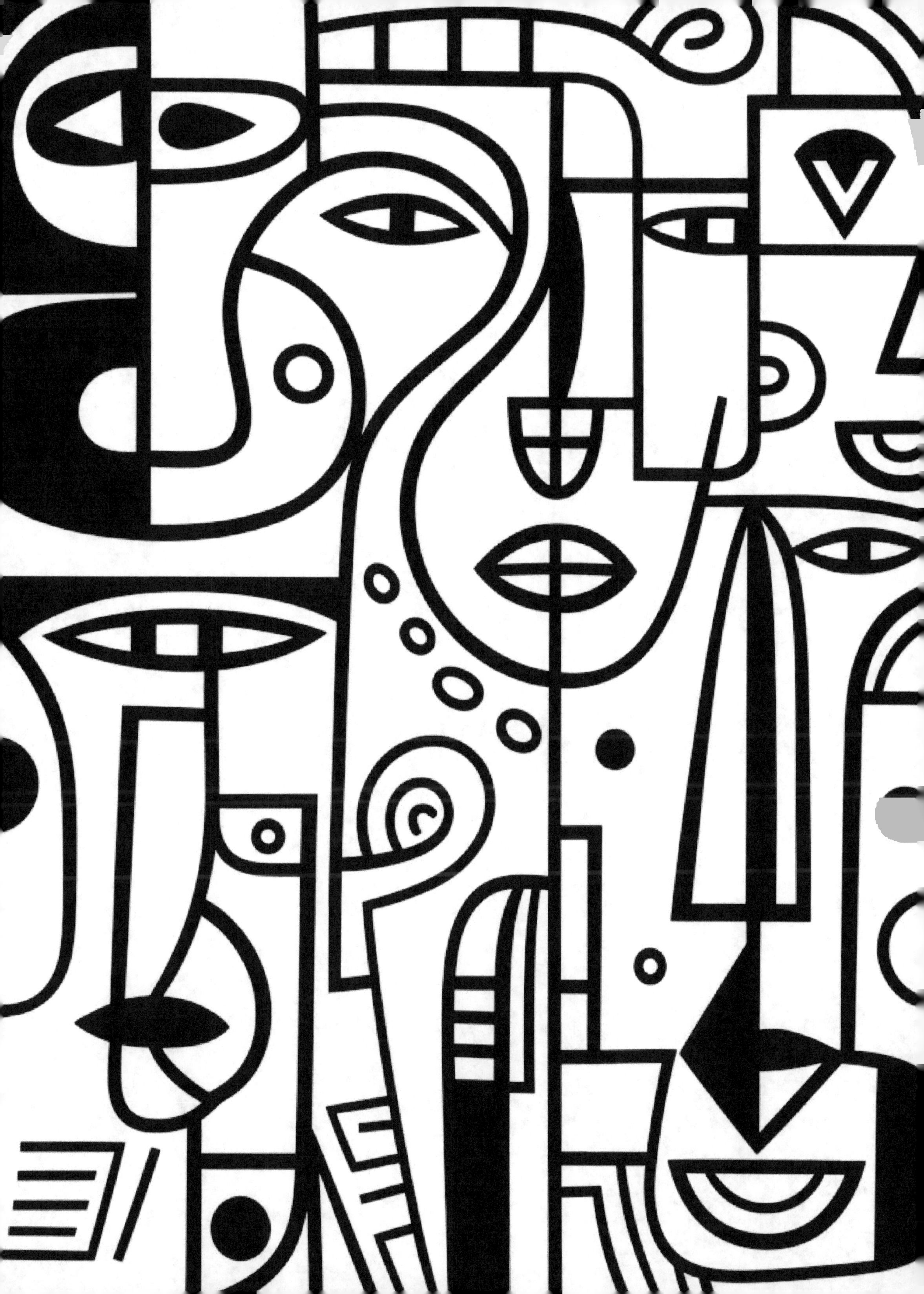

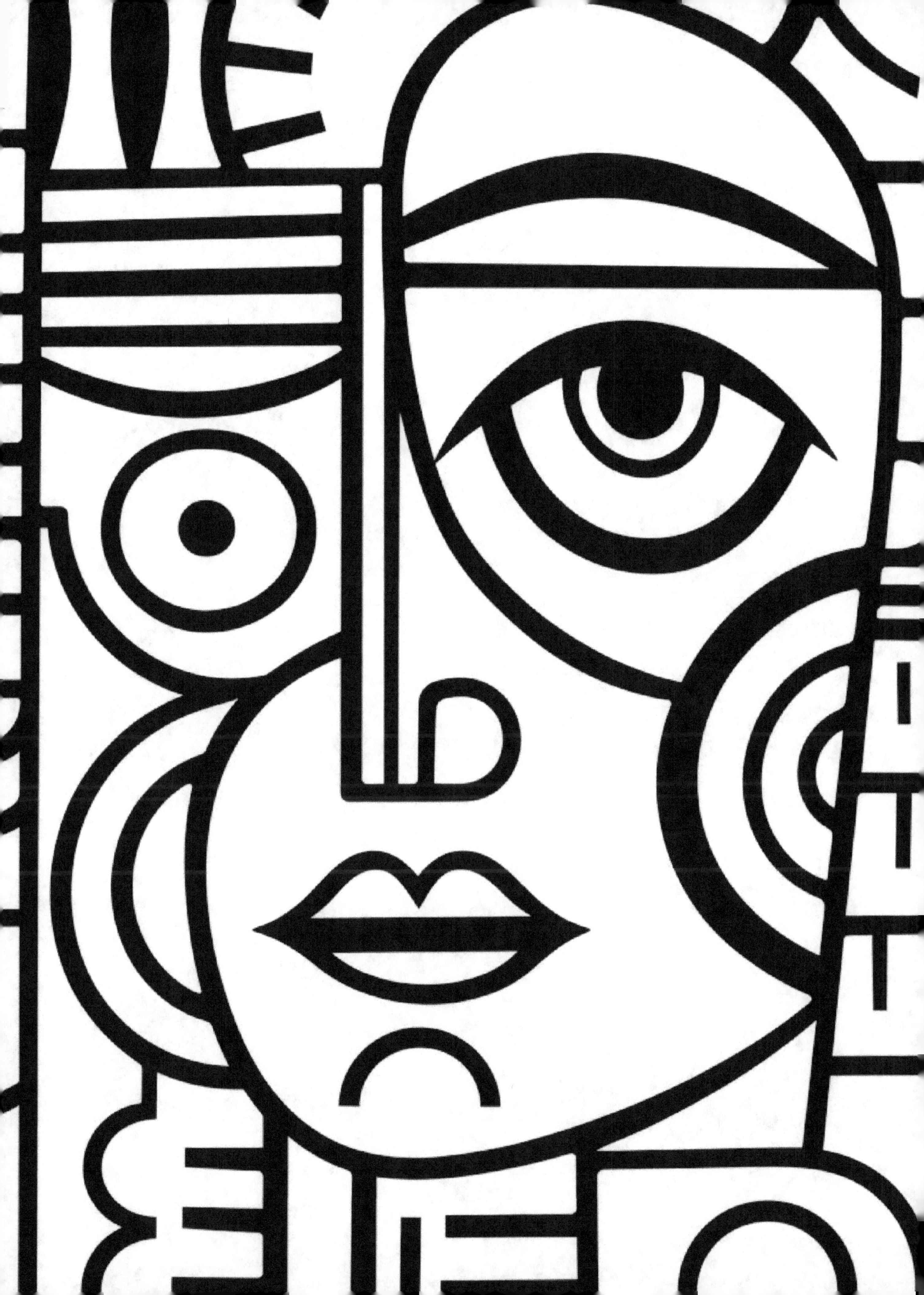

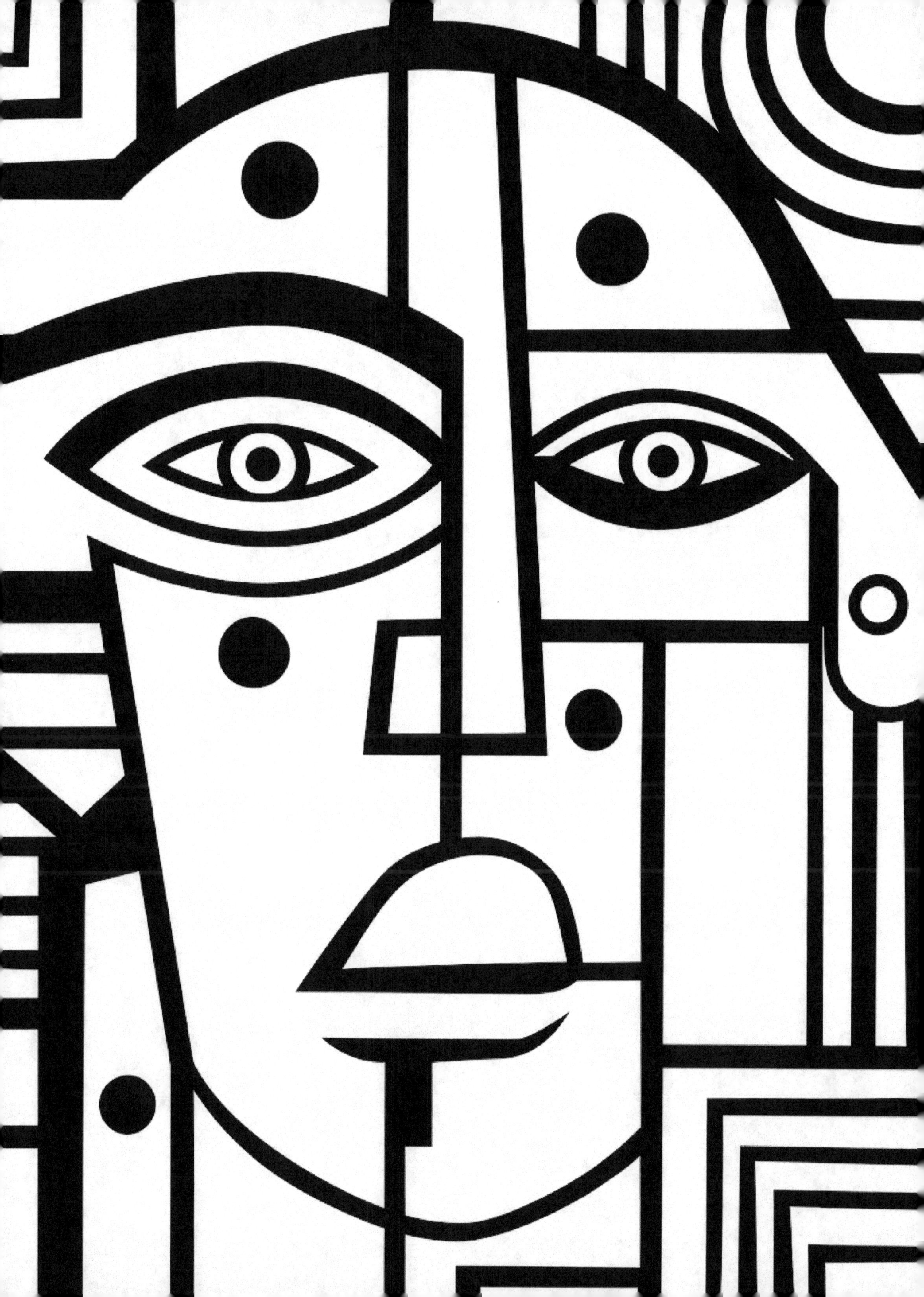

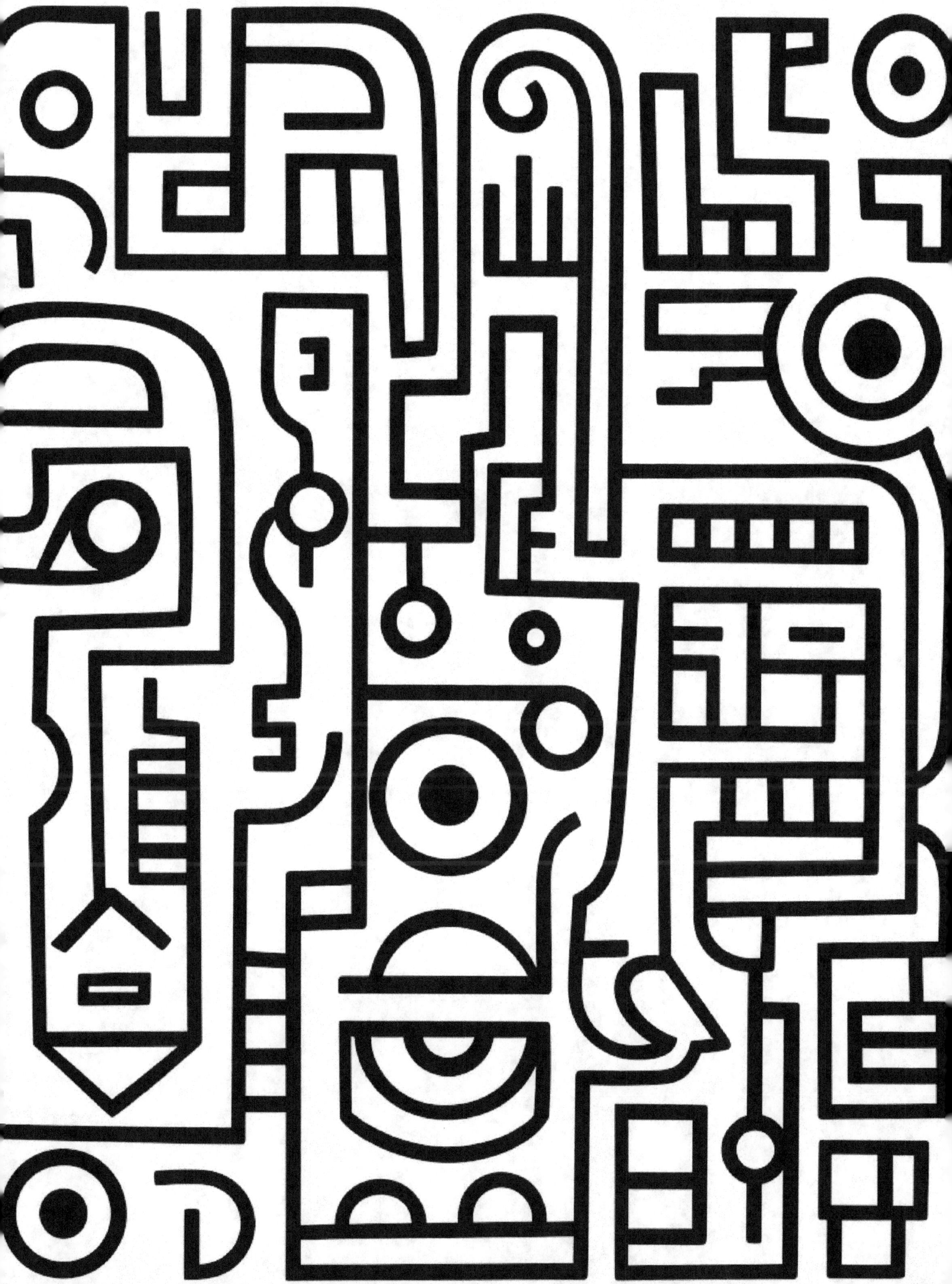

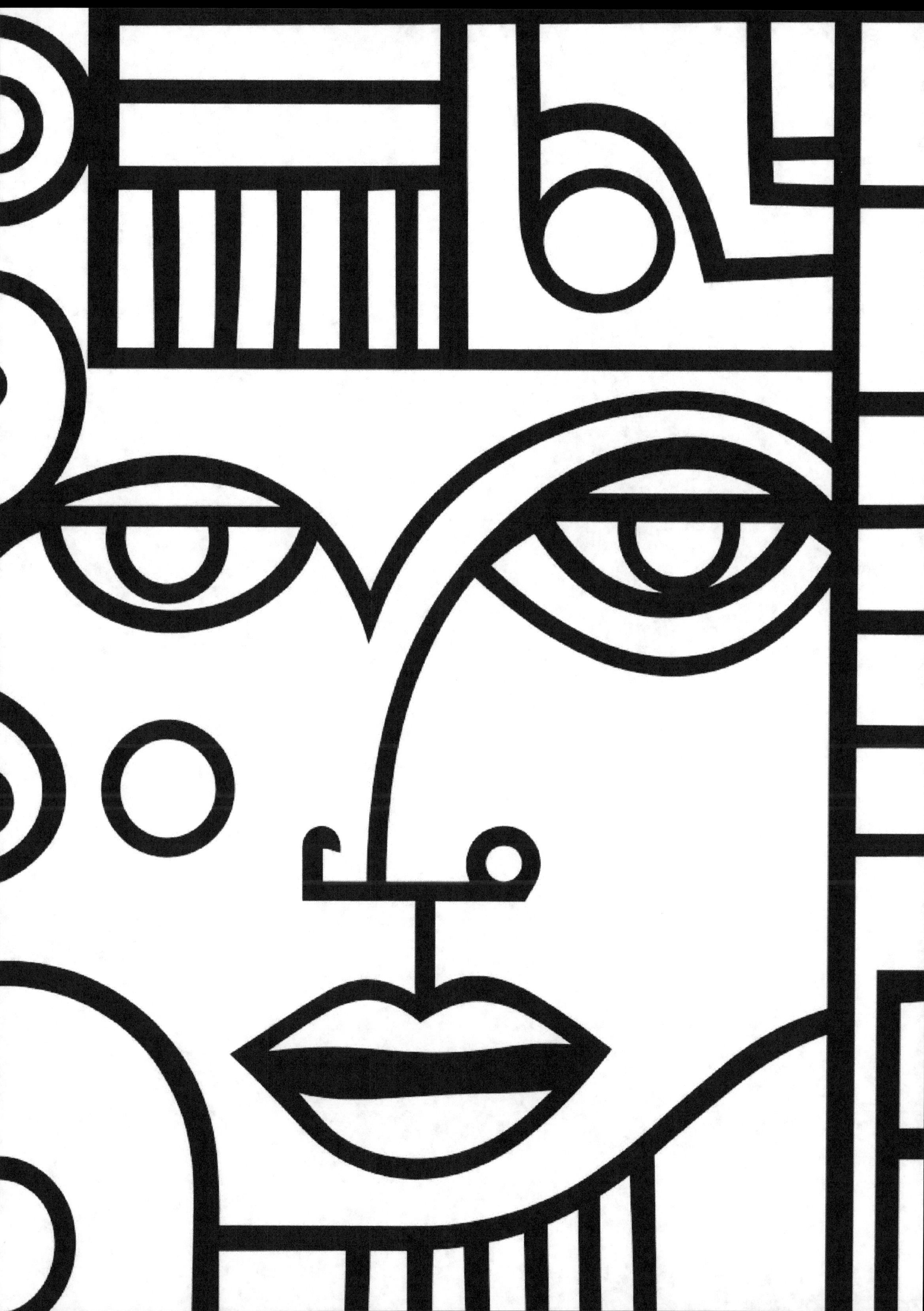

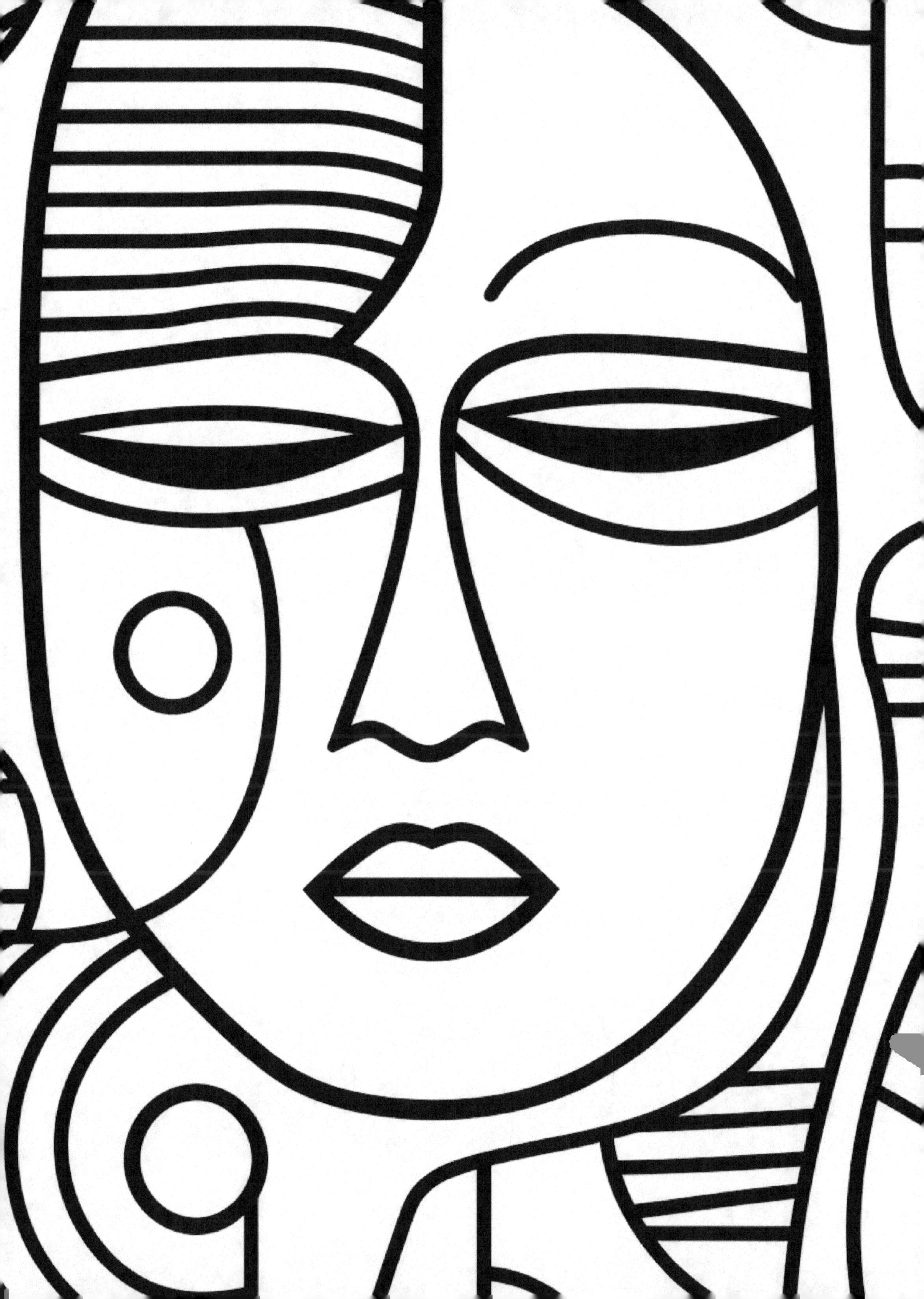

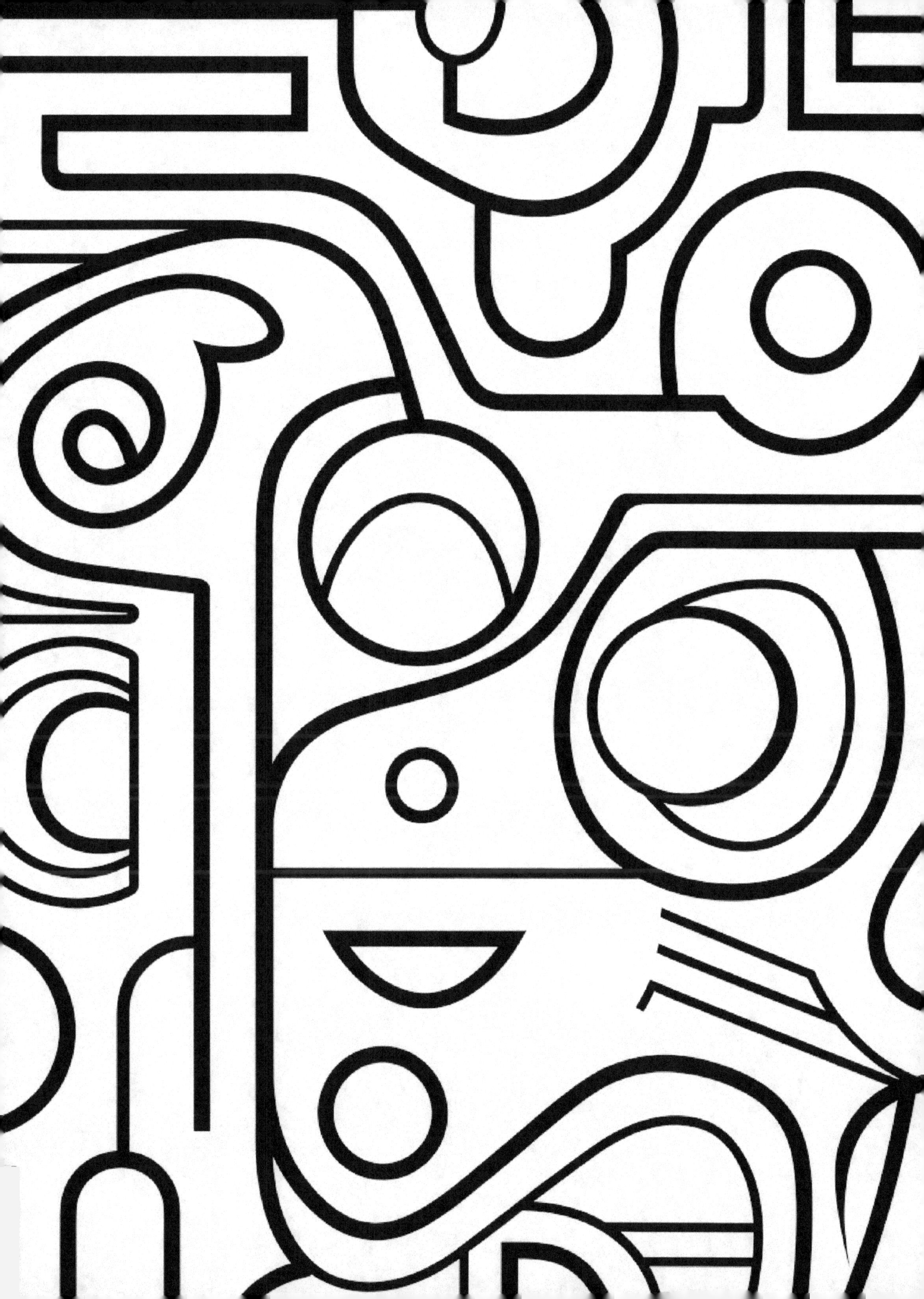

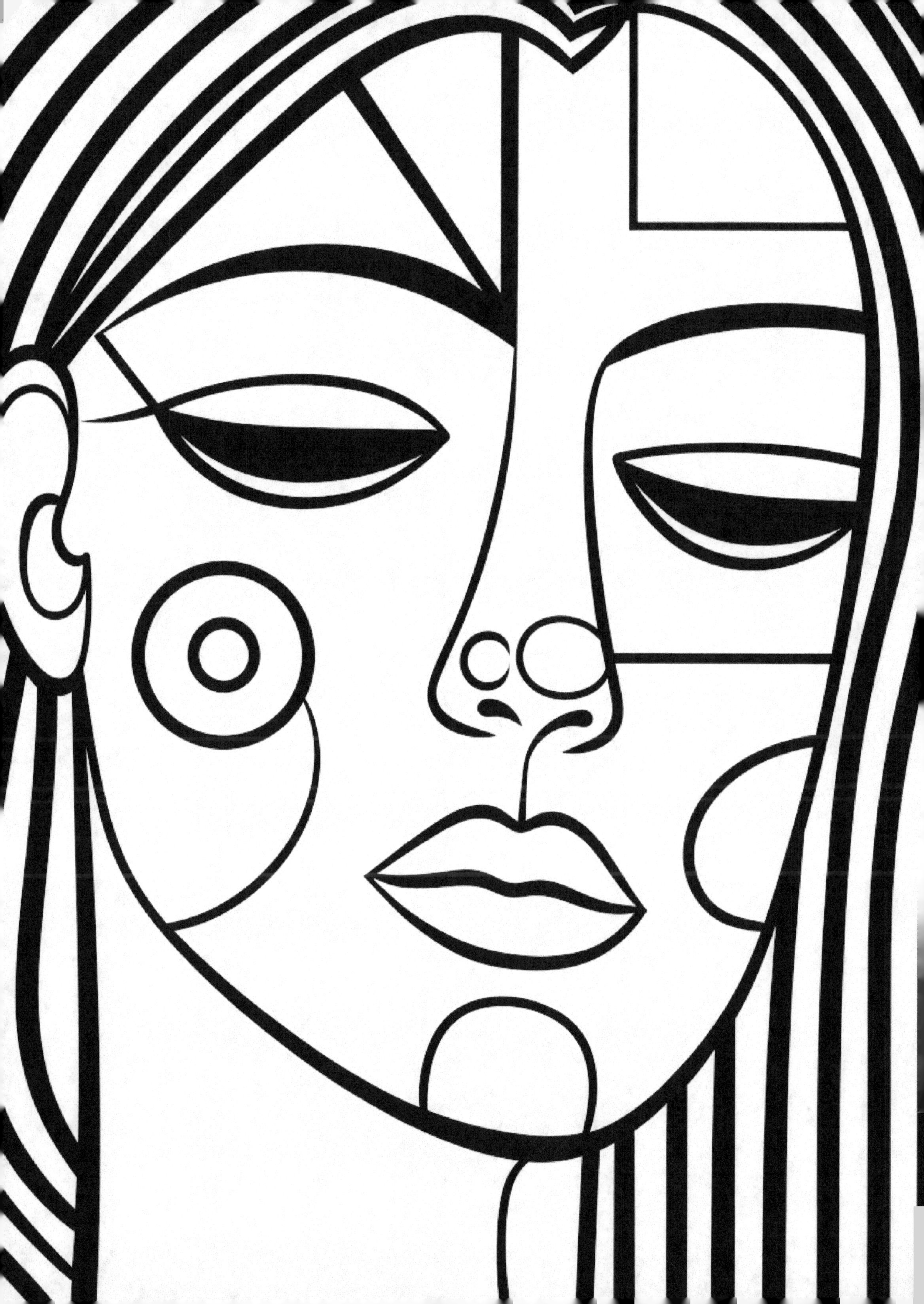

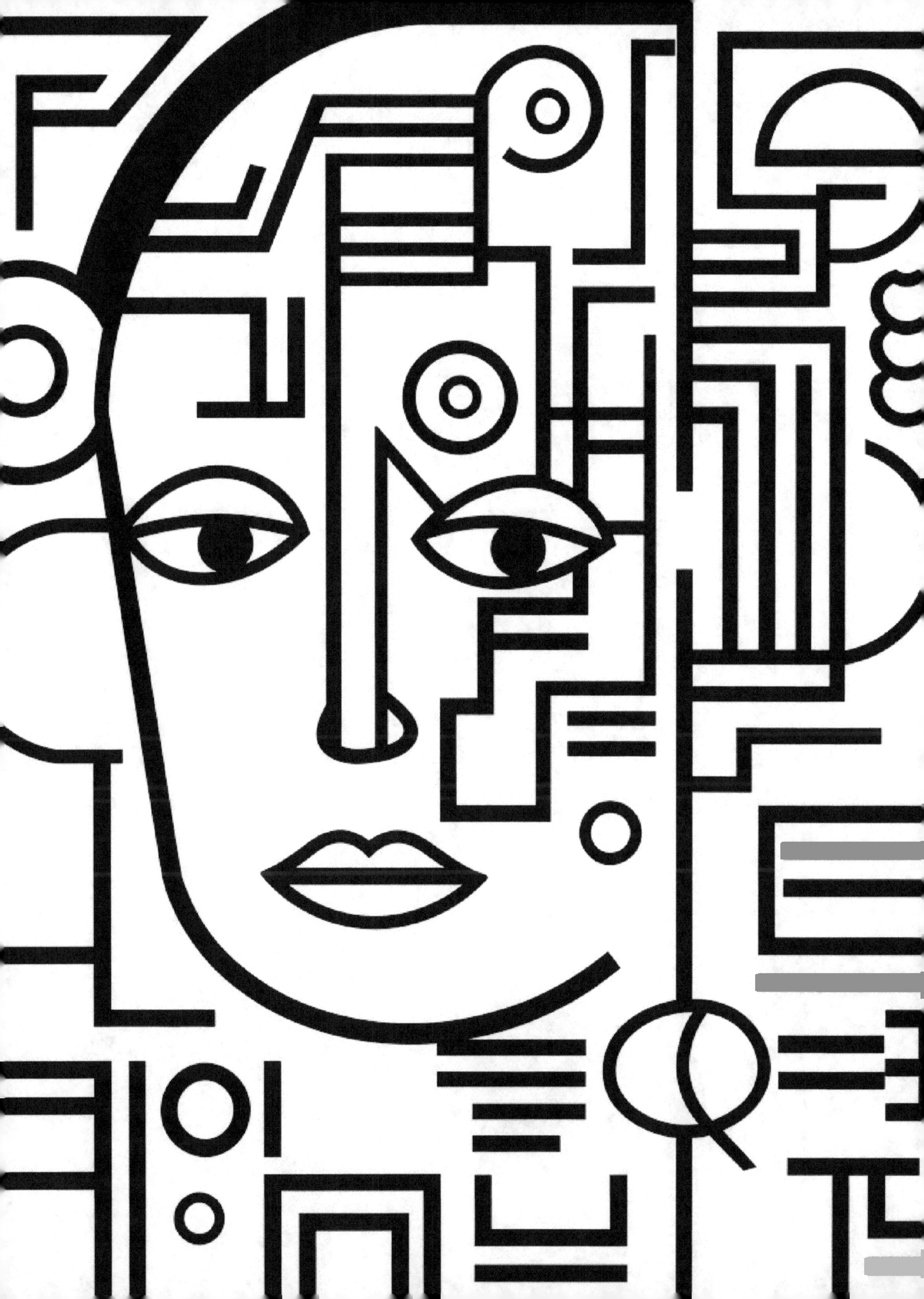

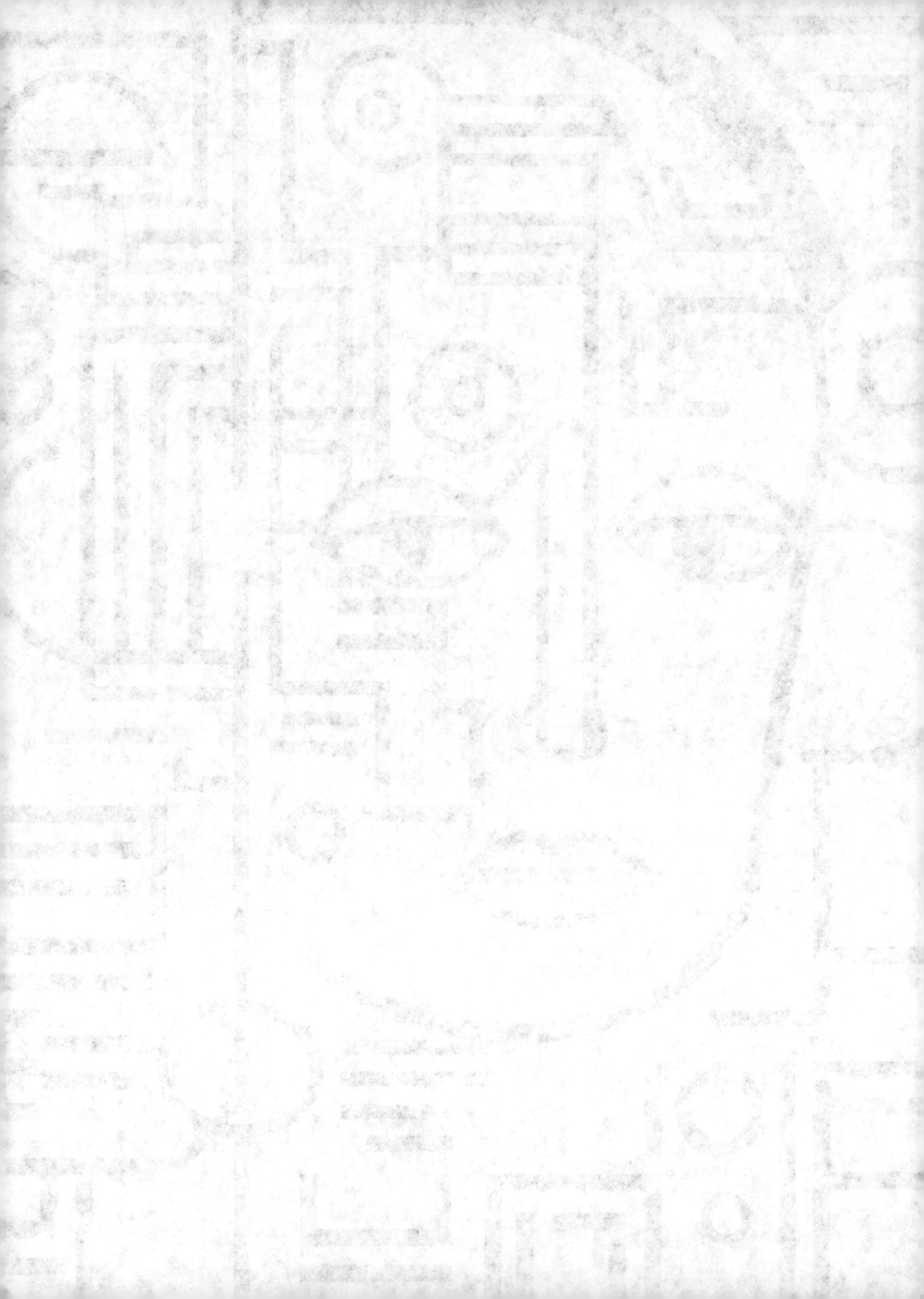

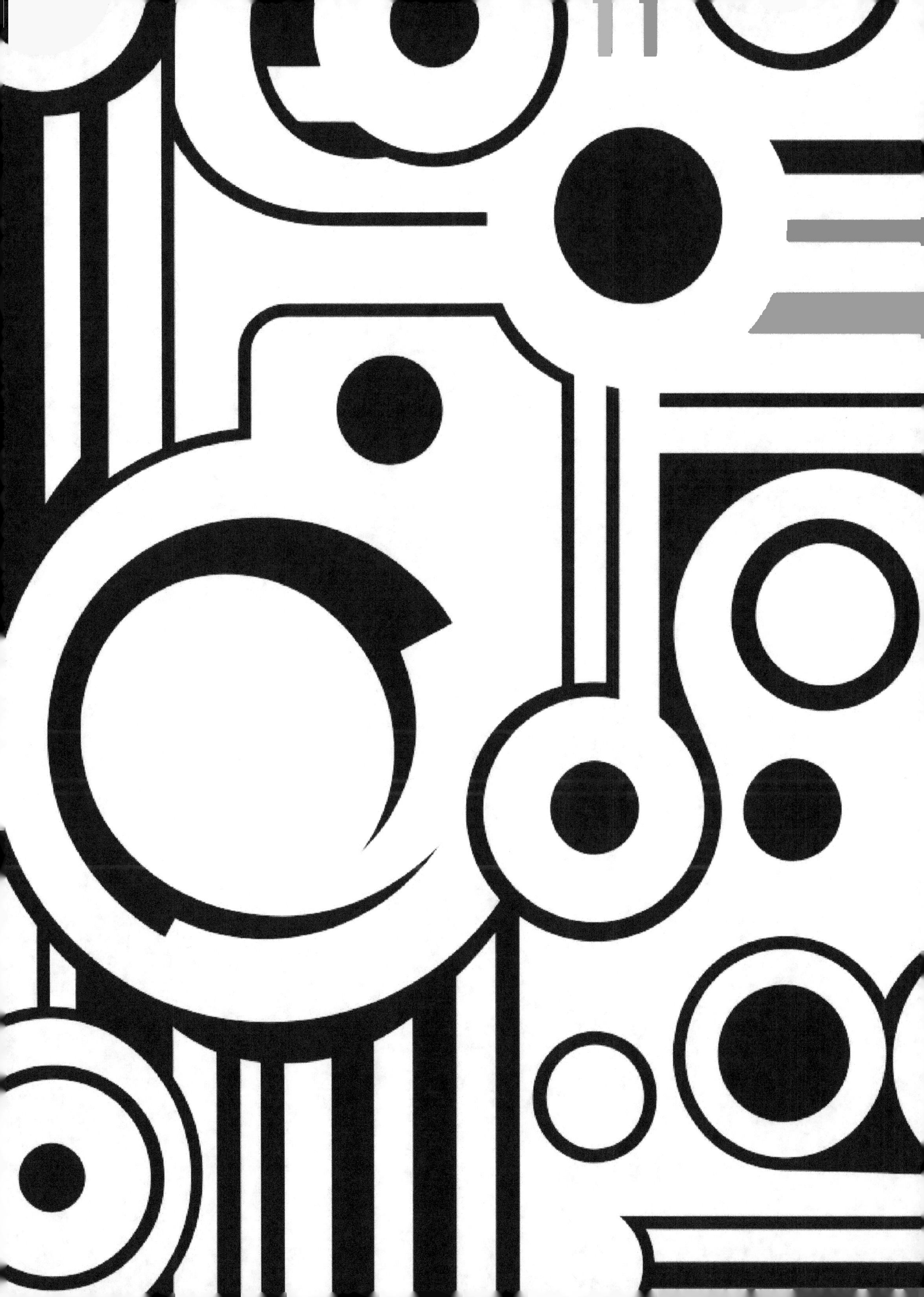

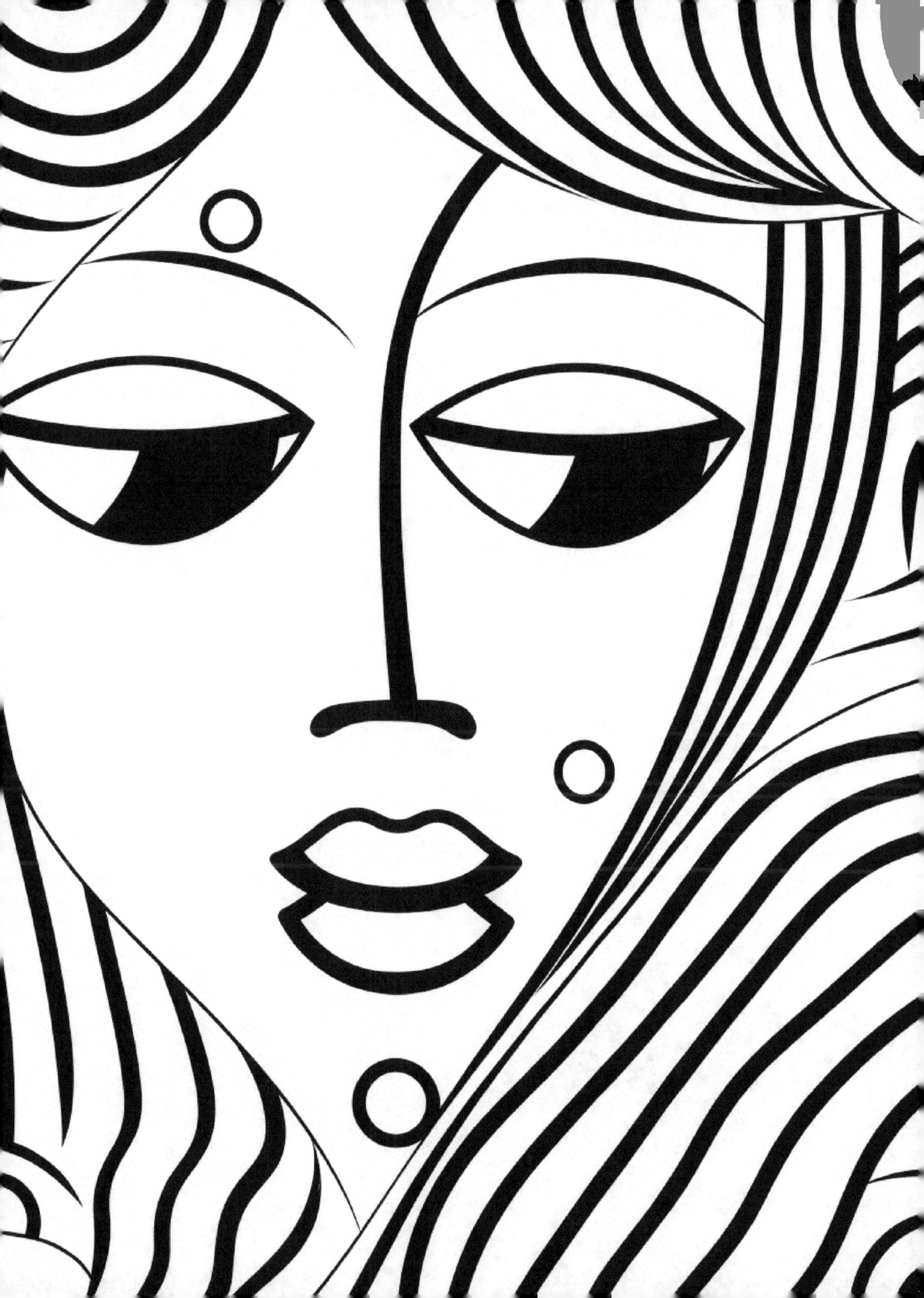

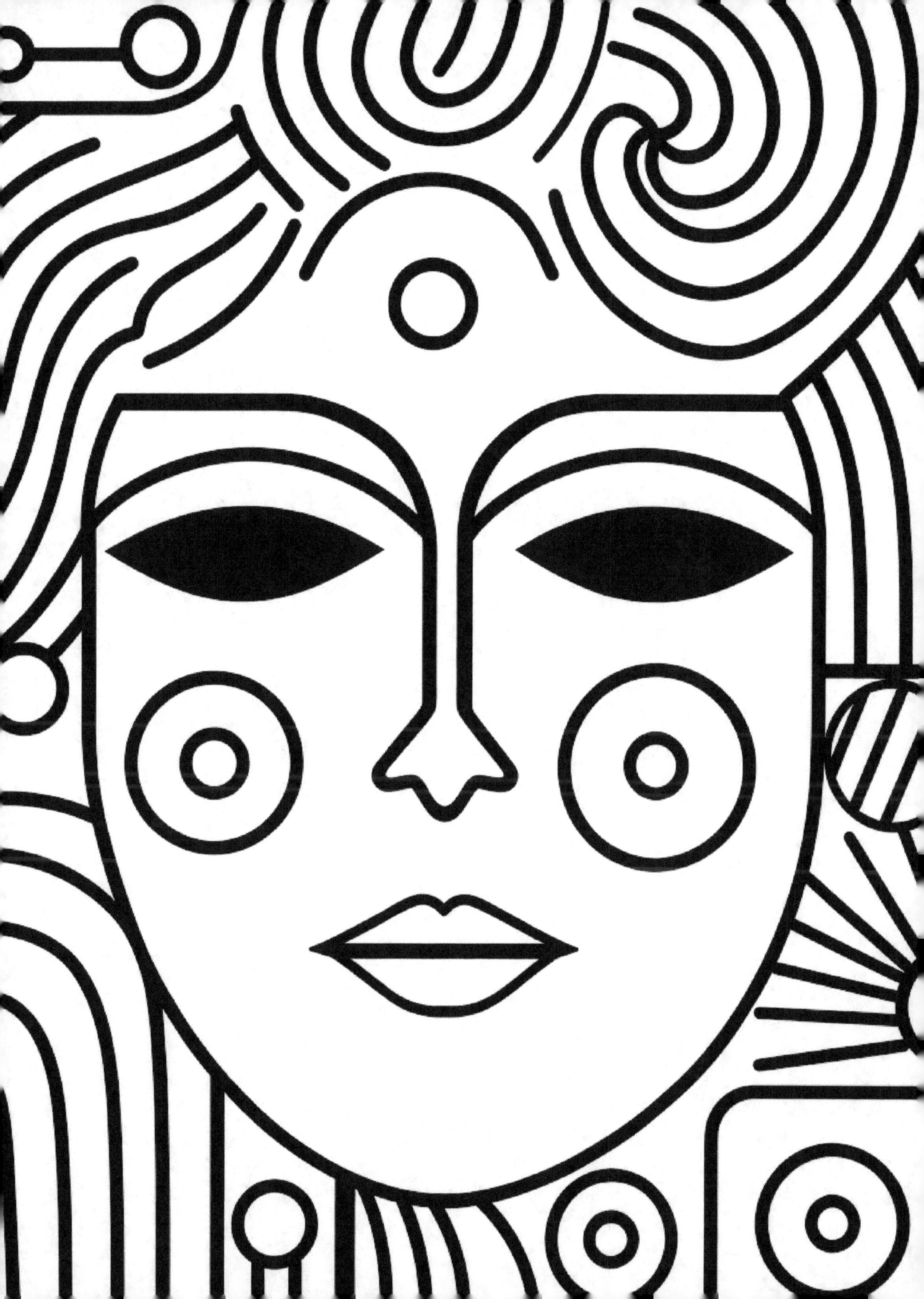

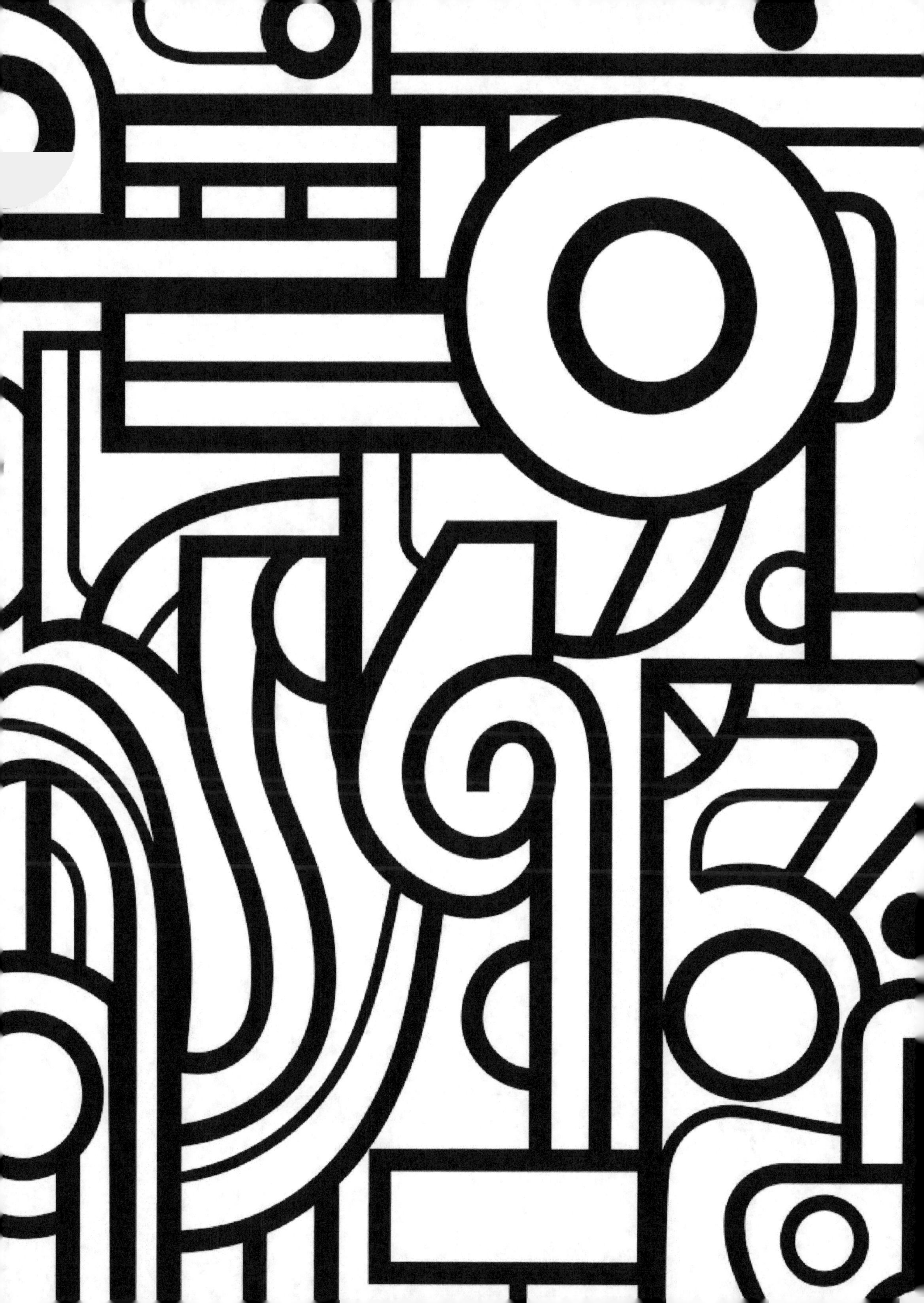

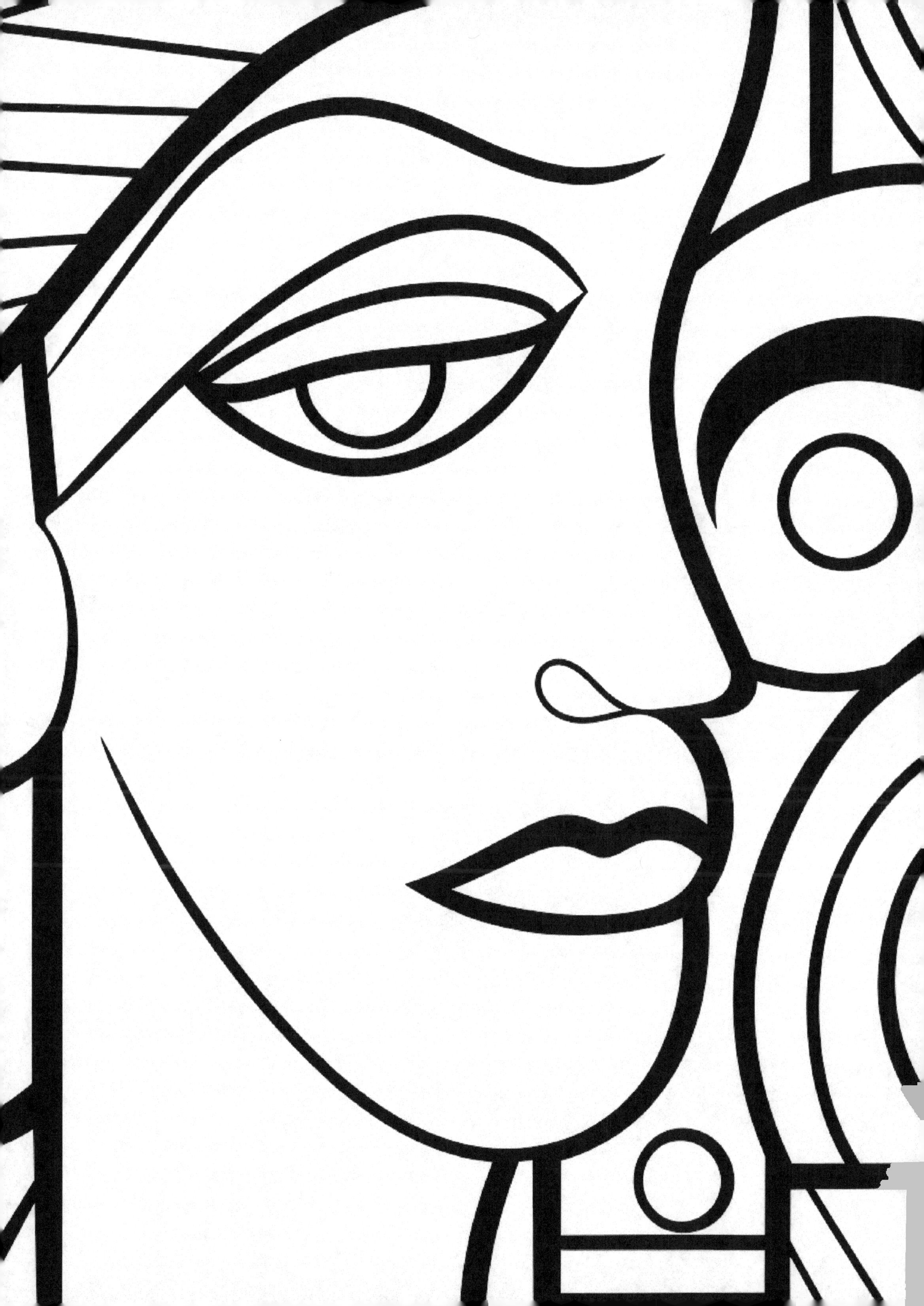

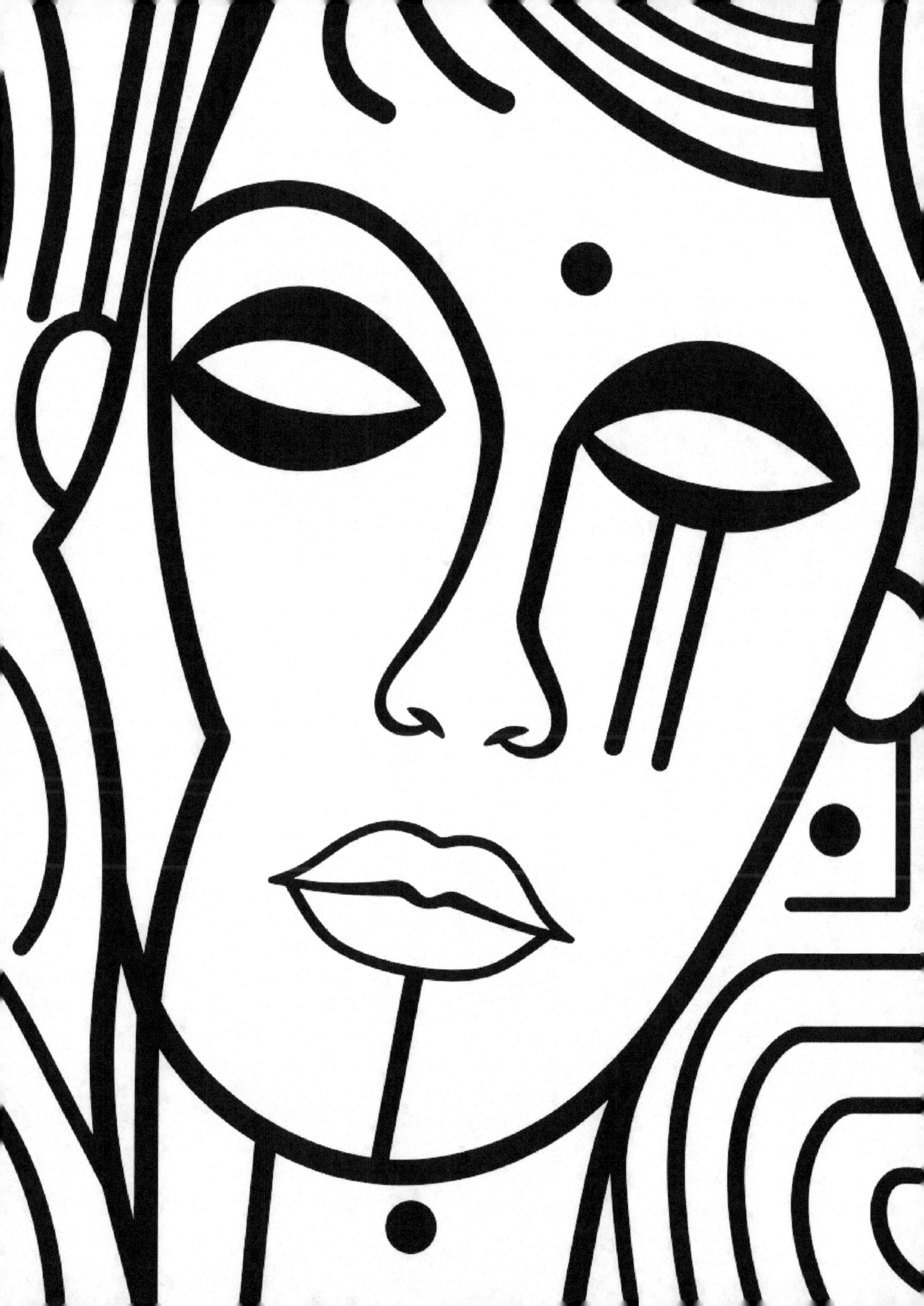

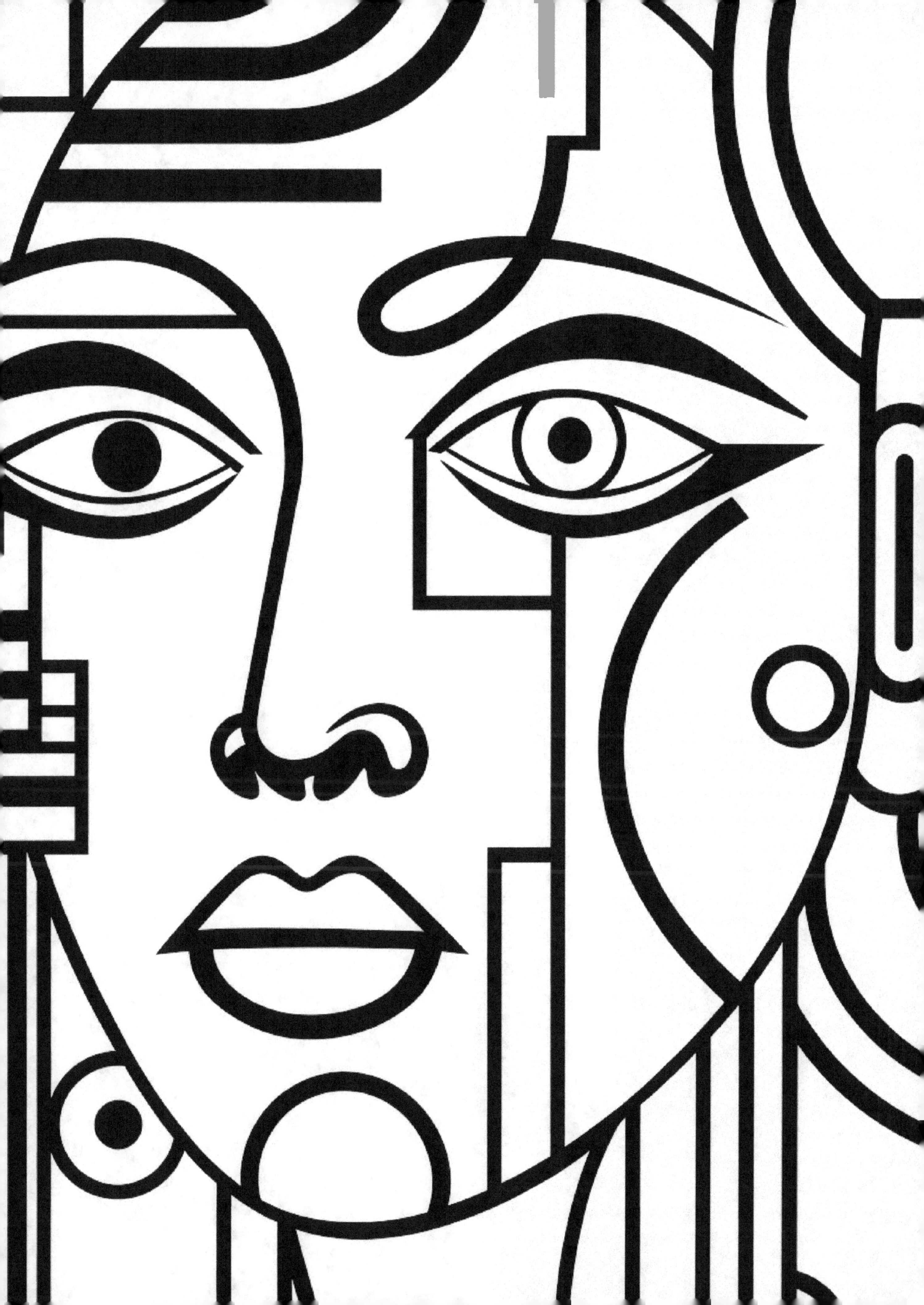

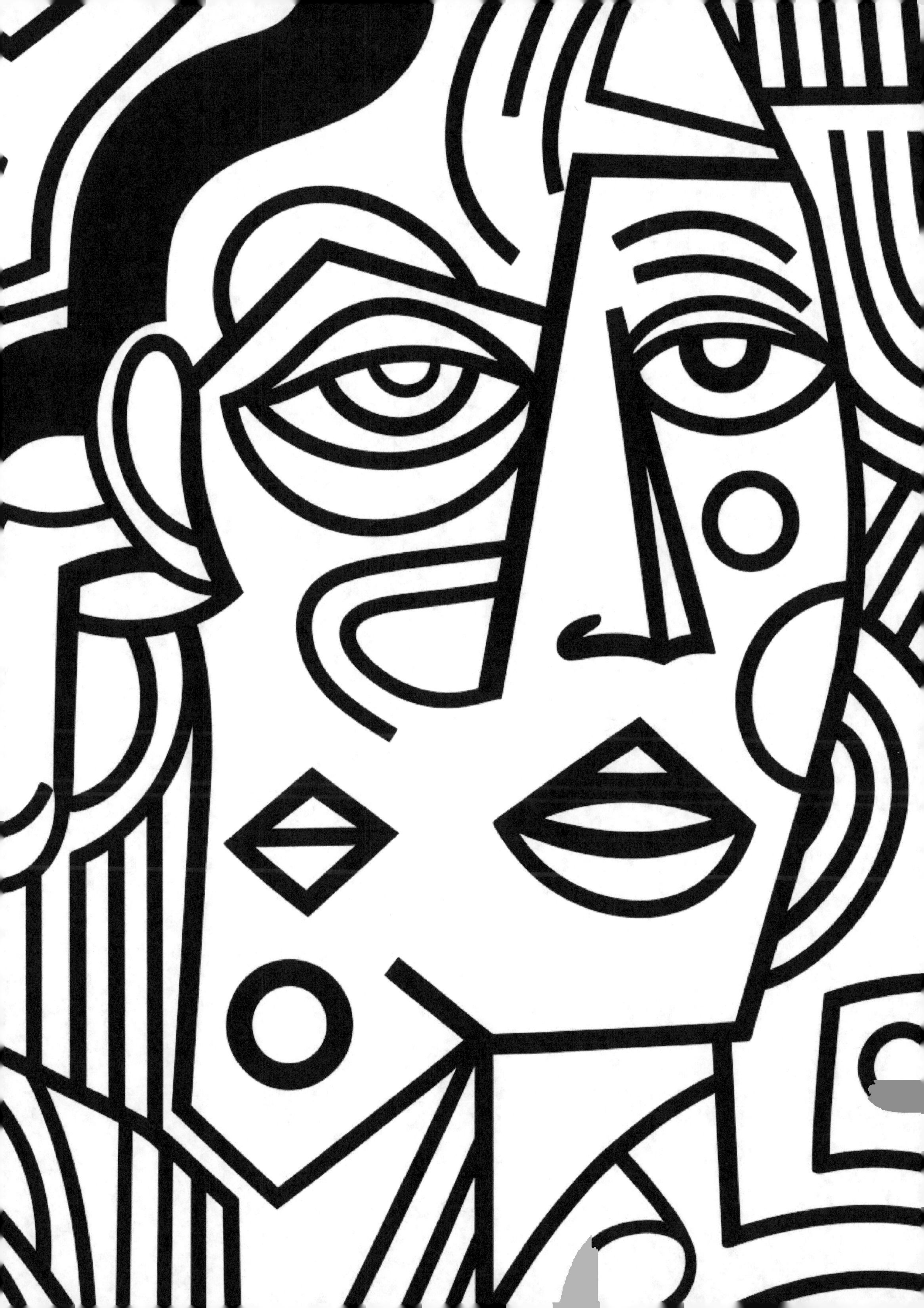

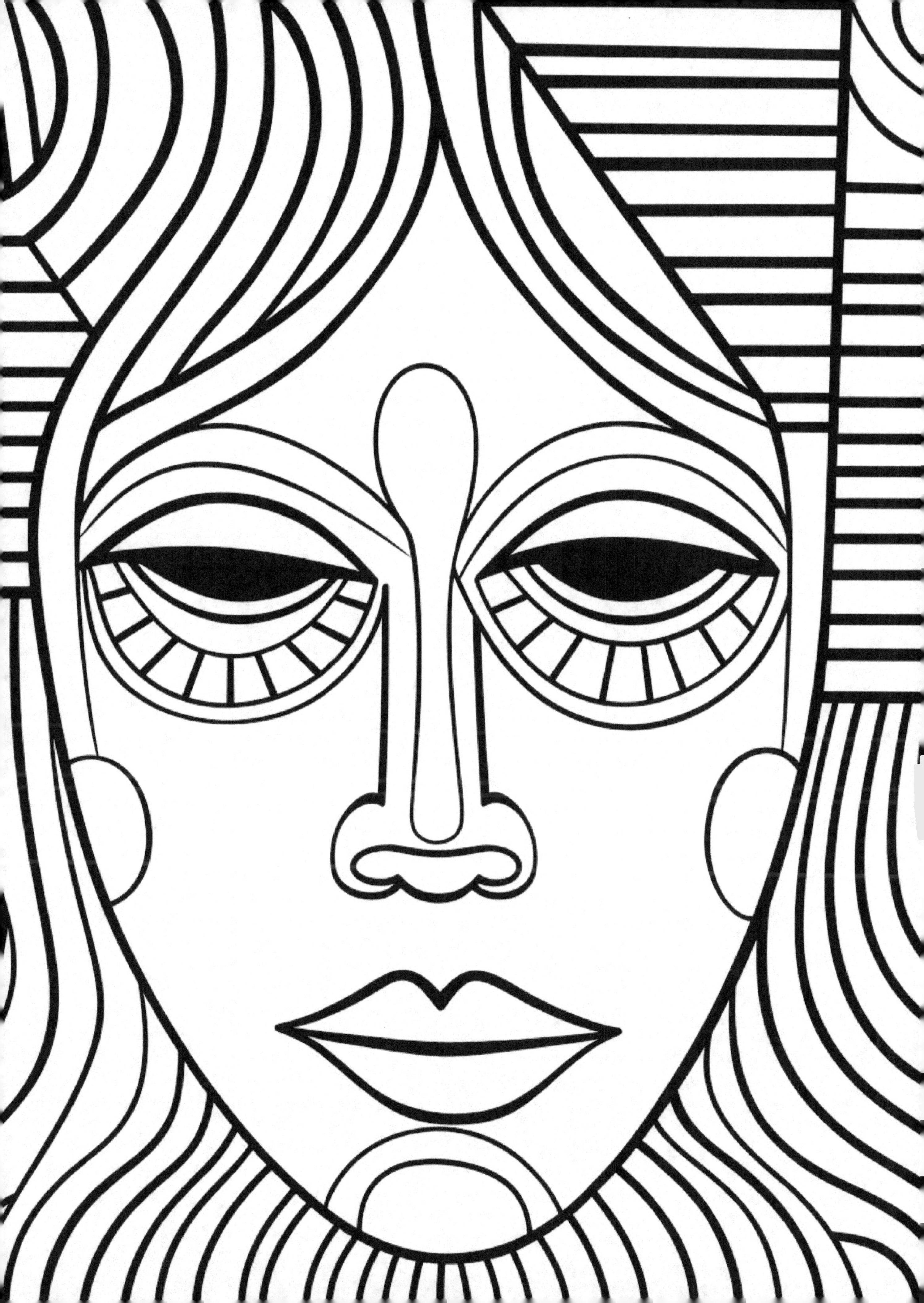

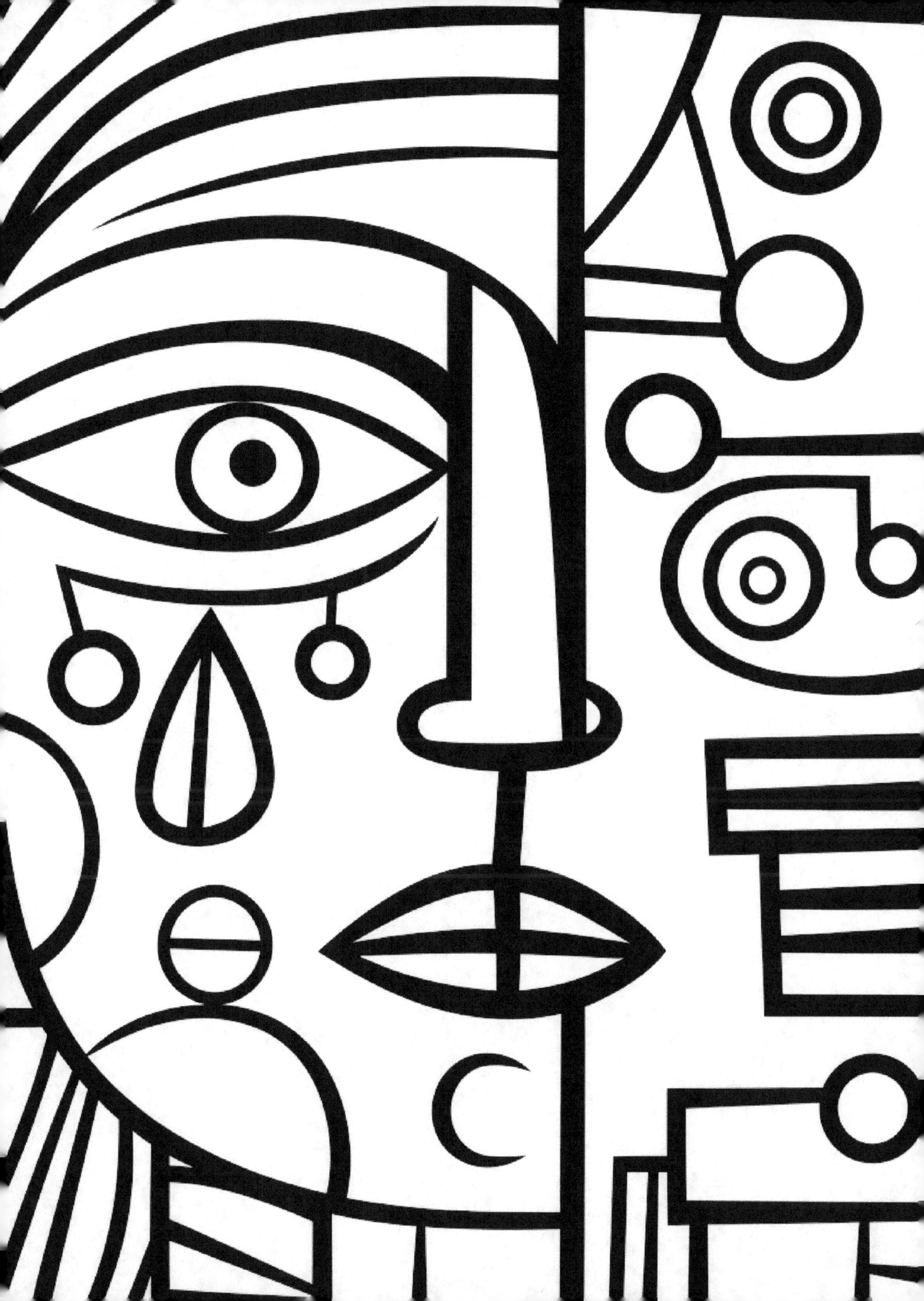

www.ingramcontent.com/pod-product-compliance
Lightning Source LLC
Chambersburg PA
CBHW082346220526
45470CB00008B/2664